Manfred Scheuch · Der Weg zum Heldenplatz

Manfred Scheuch

Der Weg zum Heldenplatz

Eine Geschichte der österreichischen Diktatur 1933–1938

K&S
Wien · München · Zürich

Bildquellennachweis

Archiv Dr. Peter Diem: 131
Imagno/NB, brandstaetter images: 9
Österreichische Nationalbibliothek Bildarchiv/Lothar Rübelt: 47
Österreichische Nationalbibliothek Bildarchiv/Österreichische Gesellschaft für Zeitgeschichte: 13, 17, 21, 25, 33, 37, 49, 53, 61, 67, 75, 87, 95, 97, 137, 215, 229, 237
Österreichische Nationalbibliothek Bildarchiv/Verein für Geschichte der Arbeiterbewegung (vga): 63, 81, 201, 221, 233, 235
Österreichische Nationalbibliothek Bildarchiv: 41, 73, 93, 103, 125, 141, 155, 177, 209
Stiftung Bruno Kreisky Archiv: 171
Verein für Geschichte der Arbeiterbewegung: 195
Archiv des Autors: 57, 119, 149, 161, 185

ISBN 3-218-00734-8

Schutzumschlag: Media & Grafik, Wien,
unter Verwendung eines Fotos des Vereines für
Geschichte der Arbeiterbewegung (vga)
Satz: Zehetner Ges. m. b. H., Oberrohrbach
Druck und Bindung: GGP Media GmbH, Pößneck

Inhalt

Ein Staat, den keiner wollte?

„Nun bekannten wir uns zwar als autoritärer Staat“, schrieb Kurt Schuschnigg in seinem „Requiem in Rot-Weiß-Rot“. „Dabei hatten wir aber – wenigstens nach deutschem Urteil – einen anscheinend kardinalen und tödlichen Fehler begangen: wir versuchten den autoritären, aber nicht den totalen Staat zu gestalten ... Praktisch lässt sich zwar schwer leugnen, dass wir einer Zwischenlösung erlegen sind; jede Zwischenlösung ist Halbheit, und Halbheit ist nie krisenfest.“

Fast schwingt Bedauern in dieser Rechtfertigungsschrift mit, Österreich nicht zu einer totalitären Diktatur umgemodelt zu haben – so, als ob dadurch der Untergang des Staates hätte aufgehalten werden können. Die bitteren Erfahrungen des 20. Jahrhunderts haben uns allerdings geneigt gemacht, unter „Diktatur“ nur die totalitären Systeme Hitlers und Stalins zu verstehen, so dass der Begriff „österreichische Diktatur“ für die Jahre 1933 bis 1938 von manchem übertrieben und ungerecht empfunden werden könnte.

Als diktatorische Staatsformen sind aber keineswegs nur jene Extreme brutalster Menschenverachtung zu betrachten. Diktatur als System – und nicht als nur vorübergehend auf einer Notstandssituation beruhend – ist eine Staatsform, zu deren Wesen auf Dauer die Unterdrückung jeder Opposition, die Einschränkung der Menschen- und Freiheitsrechte und die Absage an freie demokratische Mitbestimmung aller gehört. Diese Merkmale treffen auf den so genannten „Ständestaat“ durchaus zu. Sie wurden in der durch keine Abstimmung des

Volkes oder seiner gewählten Repräsentanten legitimierten Verfassung von 1934 und in den von der Regierung mit Hilfe windiger Rechtskonstruktionen erlassenen Gesetzen offenkundig. Und die Absage an den demokratischen Parlamentarismus war keineswegs auf Zeit gedacht, sondern verstand sich als Erfüllung einer Staatsidee, die hinter die Französische Revolution zurück wollte.

In diese Verfassung war auch die von Bundeskanzler Dollfuß gegründete, auf dem autoritären Führerprinzip aufgebaute Vaterländische Front aufgenommen, in der die Christlichsoziale Partei aufging, während die anderen politischen Parteien ausgeschaltet wurden. Daran lässt sich die Frage knüpfen: Wie faschistisch war der Austrofaschismus (eine Bezeichnung, die nur von der Linken verwendet wurde, die Nazis sprachen vom „System") ? Wobei auch das Problem auftaucht: Wie treffend ist die verallgemeinernde Bezeichnung Faschismus, wenn auch Hitlers Nationalsozialismus mit seinen singulären Verbrechen der systematischen Menschenvernichtung ihr eingeordnet wird?

Zweifellos treffen Merkmale des Faschismus, wie er zuerst von seinem Namensgeber Mussolini ausgeformt worden ist, auch auf das Regime von Dollfuß und Schuschnigg zu:

- Das Grundbekenntnis der Feindschaft gegenüber der Sozialdemokratie und dem Marxismus, womit Teile der von Revolutionsangst geschüttelten bürgerlichen Gesellschaft gewonnen und die Unterstützung der katholischen Kirche gesichert wurden.
- Die gewalttätige Austragung des Kampfes gegen die Arbeiterbewegung durch bewaffnete Organisationen, in Österreich vor allem durch die Heimwehr praktiziert, die so zum Schrittmacher für die Abschaffung der Demokratie wurde und sich auch offen dazu bekannte.
- Die Ausschaltung des Parlaments in Form eines „kalten Staatsstreichs", das Verbot der Parteien, der Verfassungsbruch.

Als wär's eine Militärregierung: Das erste Kabinett Schuschnigg (neben dem Bundeskanzler Starhemberg) in Uniformen der Wehrverbände und des Bundesheers.

- Die Beseitigung der Freiheitsrechte des Individuums, vor allem durch Aufhebung von Versammlungs- und Vereinigungsrecht sowie Pressefreiheit.
- Das Führerprinzip, das den Bundeskanzler zum absoluten Entscheidungsträger machte.
- Die Ersetzung der Parteien durch die auf dem Führerprinzip aufgebaute de-facto-Einheitspartei „Vaterländische Front“, die in allen Belangen der Verwaltung und Gesetzgebung ein Mitspracherecht hatte. Die formal freiwillige Mitgliedschaft wurde in der Realität zum Zwangsinstrument.
- Die Entrechtung der Arbeiterschaft durch das Streikverbot, ihre Einzwängung in ein berufsständisches System, das die Vormacht der Arbeitgeberseite – verstärkt durch Sozialabbau – absicherte.
- Die Verfolgung der in den Untergrund gedrängten politischen Gegner durch Polizeimaßnahmen, Errichtung von Anhaltelagern, Hochverratsprozesse und die Todesstrafe.

Hingegen hatte der Austrofaschismus Probleme mit anderen für seine Vorbilder typischen Haltungen. Der extreme Nationalismus, wie er sowohl in Italien als auch in Deutschland angeheizt wurde, war im „zweiten deutschen Staat“ durch die Kreierung eines Österreich-Patriotismus kaum zu ersetzen. Auch der sozialrevolutionäre Anstrich, den sowohl Hitler als auch Mussolini ihren Bewegungen gaben, hatte in der rückwärtsgewandten christlichsozialen Ideologie keinen Platz. Und die geistige Bevormundung durch den Klerikalismus ließ dynamische Zukunftsvisionen nicht aufkommen. Dies alles bot den Menschen in einem Land, das sich nicht nur in einer akuten Wirtschaftskrise, sondern auch in einer Modernisierungskrise befand, keine anspornenden Lebensperspektiven.

So war es dem Austrofaschismus nicht möglich, sich eine echte Massenbasis zu schaffen und mit ihr den Klassenantagonismus durch eine „Volksgemeinschaft“ zu ersetzen. Die faschistische Heimwehr weckte keine Massenbewegung, und selbst im Bündnis mit ihr konnte Dollfuß keine Wahlen für eine legitime Machtergreifung riskieren. Auch war die „Vaterländische Front“, obwohl nach dem „Führerprinzip“ aufgebaut, kein Ersatz für die anderswo allmächtigen Parteiapparate. Es war die Ablehnung des Regimes durch große Teile der Bevölkerung, die den Austrofaschismus zu Schuschniggs „halber Sache“ machte. Das Scheitern an dieser gesellschaftlichen Realität aber kann kein Grund dafür sein, ihn, wie manche Historiker dies tun, als „Semifaschismus“ zu verharmlosen.

Nicht nur unter Historikern, sondern mehr noch zwischen den nach wie vor bestehenden politischen „Lagern“ ist die Rolle, die Engelbert Dollfuß in diesem Prozess spielte, umstritten. Ist er für die einen der Zerstörer der österreichischen Demokratie und der „Arbeitermörder“, so wollen die anderen in ihm einen ersten Widerstandskämpfer gegen Hitler und Märtyrer für Österreich sehen.

Schon unmittelbar nach dem 12. Februar 1934 hat die „New York Times“ die Frage gestellt, welcher Wahnsinn dahinter gestanden sein mochte, mit solcher Gewalt und Gemeinheit gegen die Sozialisten vorzugehen, wenn es doch die Nazis waren, die überall im Land Bomben legten. In der Tat eine Frage, die Dollfuß' Beurteilung als antinazistischen Widerstandskämpfer ins Wanken bringt. Für die Tatsache, dass er nicht einmal den Versuch unternahm, die Sozialdemokraten in diese Abwehrfront einzugliedern, sondern es seit seinem Regierungsantritt darauf angelegt hatte, jene aus der Politik auszuschalten, reicht auch der Druck Mussolinis als Erklärung nicht aus. Vielmehr musste Dollfuß spätestens seit den Regionalwahlen 1932, als die Nazis erstmals große Stimmengewinne erzielten, die Gefahr einer Ablöse der langjährigen Vorherrschaft seiner Christlichsozialen Partei durch die Sozialdemokratie befürchten. Und für ihn war diese Vorstellung nicht die eines in der Demokratie üblichen Machtwechsels, sondern die einer gesellschaftlichen Katastrophe. Als treuer Sohn der Kirche teilte er die päpstliche Auffassung, „der Gegensatz zwischen sozialistischer und christlicher Weltauffassung ist unüberbrückbar". Wenn die Demokratie einen solchen Sieg des „Bösen" möglich machen konnte, dann war sie zu beseitigen. Die Panne im Parlament bot Dollfuß die Chance, dies vorerst ohne Waffengewalt zu beginnen. Und es war vielleicht nicht nur der Wunsch nach Machterhalt seiner Partei, sondern auch ein Sendungsauftrag, von dem sich der gläubige Katholik ergriffen fühlte: in Österreich als Beispiel für die zerrüttete Welt, als Gegenmodell gegen Atheismus und Neuheidentum, einen Gottesstaat zu errichten.

Möglicherweise hat Gordon Shepherd, der dies so sah, in Dollfuß etwas hineininterpretiert, das vielleicht nur eine Beschönigung der Machtsicherung, um die es ging, war. Dass mit Eidbruch, mit Kanonen und Galgen eine Diktatur errichtet wurde, ist Realität, der „Gottesstaat", wenn auch in der dem Land aufgezwungenen Verfassung angepeilt, blieb Illusion. Die Mehrheit der Österreicher sah nur, in welchem Ausmaß sie unfrei geworden waren. Für einen solchen noch dazu von wirtschaftlichem Elend heimgesuchten Staat die patriotische Begeisterung zu wecken, mit der Dollfuß einen Damm gegen den Hitlerismus errichten wollte, war zum Scheitern verurteilt. Er verfiel dem Trugschluss, die Nazis durch einen hausgemachten Faschismus bekämpfen zu können. Mit der Zerschlagung der Demokratie isolierte er sich von der Arbeiterschaft und zugleich von der demokratischen Welt. Als ihn die Revolverkugeln des Juliputschisten trafen, war er nicht nur ein Opfer Hitlers, sondern auch ein Opfer seiner eigenen Politik geworden. Sein Nachfolger Schuschnigg, dem es an der Vision, die Dollfuß geleitet haben mag, mangelte, verwaltete ein Erbe ohne Zukunft. Der 1933 von Dollfuß eingeschlagene Weg führte zu Hitlers Triumph auf dem Wiener Heldenplatz.

Hellmut Andics hat 1962 das Wort vom „Staat, den keiner wollte" geprägt. Auf das Österreich bezogen, das Clemenceau abschätzig als „Rest" bezeichnete, hat das gestimmt. In der Ratlosigkeit eines von vielen seiner bisherigen wirtschaftlichen

Ratgeber und Protektor Benito Mussolini drängte Bundeskanzler Dollfuß in Gesprächen und Briefen zur Ausschaltung der Sozialdemokraten.

Ressourcen, von Millionen seiner sprachlichen Gemeinschaft abgetrennten Landes hoffend, dass das Versprechen der Selbstbestimmung auch für sie gelte, schien dessen Bewohnern der Anschluss an Deutschland ein Ausweg. Aber gleichwertig zumindest für die Arbeiterschaft und ihre politischen Führer war jedenfalls die demokratische Republik durchaus die staatliche Form, die sie wollten. Vielleicht mögen andere mit gekreuzten Fingern am Rücken den Eid auf sie gesprochen haben – für die Sozialisten war sie der Staat, der Freiheit und Gleichheit sichern würde. Und zu ihr sind sie auch gestanden, sie war und blieb der Staat, den sie wollten, auch als die anderen, die nicht einmal den Namen „Republik" hören mochten, an deren Zerstörung gingen.

Und deshalb sind die Sozialisten auch nicht bereit, sich eine – und sei es auch ungleich zu wägende – „geteilte Schuld" für die Katastrophe zuweisen zu lassen. Aus der Haltung der Parteien und der Politiker der Ersten Republik zu den Werten der Demokratie, der Wahrung der Grundrechte und des Rechtsstaates, der Freiheit und Gleichheit lässt sich ablesen, auf welcher Seite das Recht in den Jahren 1933 und 1934 stand. Nach der Abkehr der österreichischen Selbstbetrachtung von der ausschließlichen Opferrolle in der Zeit des Nationalsozialismus und dem Eingeständnis der aktiven oder wegschauenden Beteiligung von Österreichern an dessen Verbrechen wäre auch für die Zeit davor Aufrichtigkeit ohne Tabus – mit dem Blick auf die Zerstörung der Demokratie, aber etwa auch auf den Antisemitismus und die Haltung einer politisierenden Kirche – ein Gebot historischer Gewissenserforschung.

Abenddämmerung der Demokratie

Das Blutbad vor dem Justizpalast am 15. Juli 1927 hatte die Gegensätze zwischen dem bürgerlichen Österreich und der Arbeiterschaft zur unüberbrückbar scheinenden Kluft aufgerissen. Noch konnte das „Rote Wien“ – fern der Macht im Gesamtstaat – an einer Gegenwelt bauen, die, in aller Welt bewundert und im Bürgertum verhasst, demonstrierte, wie eine sozial gerechte Gesellschaft aussehen könnte. Die Gemeindebauten, die das Wohnungselend der Arbeiterschaft beendeten, waren nur der sichtbarste Teil eines Programms, das auch den minderbemittelten Schichten Gesundheit, Bildung und sinnvolle Freizeitgestaltung anbot.

Die Gewaltbereitschaft, die Seipel und seine Bürgerblock-Regierung an den Tag gelegt hatten, ließ die Hoffnungen der Sozialdemokraten, die Macht im Staat mit dem Stimmzettel erobern zu können, sinken. Aber noch wirkte eine konjunkturell günstige Entwicklung relativ stabilisierend auch auf die politischen Verhältnisse, so dass für die Verfassungsreform, die die Stellung des Bundespräsidenten stärken sollte, ein Kompromiss gefunden werden konnte.

Seipel, von Oktober 1926 bis Mai 1929 zum zweiten Mal Bundeskanzler, schürte mit der Betonung der Notwendigkeit seines harten Durchgreifens die bürgerlichen Ängste vor einer „bolschewistischen“ Revolution. Das 1926 beschlossene Linzer Programm der SDAP wurde als Bekenntnis zur „Diktatur des Proletariats“ interpretiert, obwohl es sich ausdrücklich zur Verteidigung der Demokratie bekannte und nur für den Fall, dass eine Übernahme der Regierung nach einem sozialdemokratischen Wahlsieg durch Gegenaktionen der Bourgeoisie mit Hilfe faschistischer Bewegungen und ausländischer Staaten verhindert werden würde, Gegengewalt ankündigte.

Vor diesem Hintergrund, in dem auch die radikale, demagogische Wortwahl auf beiden Seiten, insbesondere nach dem 15. Juli, eskalierte und zudem die Sozialdemokraten eine Kirchenaustrittsbewegung förderten, verstärkte Seipel seine Bemühungen, eine „antimarxistische Front" aufzubauen; die Heimwehr war als deren Speerspitze ausersehen. In der Christlichsozialen Partei fand dieser Kurs keineswegs ungeteilte Zustimmung. Vor allem die von Leopold Kunschak geführten Arbeiterorganisationen, aber auch einzelne Landespolitiker, äußerten Bedenken gegen eine zu starke Annäherung an die Heimwehr.

Als Seipel mit einem völlig dem Kirchenrecht unterworfenen neuen Eherecht für Katholiken an seinen großdeutschen Koalitionspartnern scheiterte und diese mit den oppositionellen Sozialdemokraten für die Übernahme des deutschen Zivilehegesetzes stimmten, war das einer der Gründe, warum er Anfang Mai 1929 zurücktrat. Mit dem neuen Bundeskanzler Ernst Streeruwitz, einem Mann der Industrie, schien sich noch einmal Mäßigung durchzusetzen. Der Wiener Bürgermeister Seitz und mehrere Landeshauptleute untersagten alle Aufmärsche, was insbesondere der Heimwehr den Wind aus den Segeln nehmen sollte. Aber im Hochsommer kam es im steirischen St. Lorenzen zu schweren Zusammenstößen zwischen Heimwehr und Schutzbund, es gab 200 Verletzte, drei Sozialdemokraten starben. Seipel, der weiter die Fäden in der konservativen Politik zog, verlegte sich auf eine Doppelstrategie: Die Heimwehr sollte als „starke Volksbewegung" die „wahre Demokratie", nämlich eine Demokratie ohne Parteien, schaffen (so der Prälat in einem Vortrag in Tübingen), gleichzeitig sollte eine Verfassungsänderung den Bundespräsidenten – eine

Das Bundesheer (hier in Bruck an der Mur) stoppte 1931 die Putschgelüste des Heimwehrführers Walter Pfrimer.

Rolle, die er sich selbst zudachte – zum „starken Mann“ im Staat machen. Als Streeruwitz angesichts der offenkundigen Unmöglichkeit einer Konsenspolitik das Handtuch warf, schien sich der parteilose, den Großdeutschen nahe stehende Johann Schober als Erfüllungsgehilfe der Seipel-Wünsche anzubieten. Aber er wurde für diesen als Kanzler eine Enttäuschung. Die neue Verfassung wurde ein Kompromiss, zu dem auch etliche christlichsoziale Ländervertreter beigetragen hatten, die die gegen das „Rote Wien“ gerichteten zentralistischen Heimwehr-Vorschläge verhinderten.

Die mit dem amerikanischen „Schwarzen Freitag“ vom Oktober 1929 sich ausbreitende Depression und die Angst vor einem Abdriften der Wähler von den Regierungsparteien weckte im Bürgertum den Ruf nach einer „starken“ Regierung. Die von Großindustriellen und Mussolini hochgepäppelte Heimwehr – „eine Prätorianergarde, die bereit war, wem immer zu folgen, wenn man ihr möglichst viel dafür zahlte“ (gab der Heimwehrführer Starhemberg Jahre später im Exil zu) – sagte der Demokratie nun offen den Kampf an. Der Bundesführer der Heimatschutzverbände, der Tiroler Richard Steidle, kündigte den Kampf gegen den Marxismus „mit allen Mitteln“ und die Bereitschaft der Heimwehr zur Machtübernahme an. Am 18. Mai 1930 leisteten 8000 Angehörige der niederösterreichischen Heimwehr in Korneuburg einen Eid, in dem es hieß: „Wir verwerfen den westlichen demokratischen Parlamentarismus und den Parteienstaat.“ An dessen Stelle sollte eine starke Staatsführung und eine „Selbstverwaltung der Stände“ gesetzt und die „Zersetzung unseres Volkes durch den marxistischen Klassenkampf“ bekämpft werden. Vorbild der Heimwehr war das faschistische Italien.

Die Enttäuschung über Schobers Verfassungskompromiss ließ Seipel offen gegen die Koalition auftreten. Als der Kanzler sich weigerte, den Heimwehrmann Franz Strafella zum Präsidenten der Österreichischen Bundesbahnen zu ernennen, löste der christlichsoziale Seipel-Mann, Vizekanzler Vaugoin, eine

Kabinettskrise aus, die zum Ende der Regierung Schober führte. Vaugoin, nun Bundeskanzler, nahm als erster zwei erklärte Feinde der Demokratie, die Heimwehrführer Starhemberg und Hueber, in die Regierung; sie hatte mangels Koalitionspartnern als Minderheitsregierung nur wenige Monate Bestand. Die letzten Nationalratswahlen der demokratischen Republik am 9. November 1930 wurden zu einem Misserfolg für die wieder einmal mit der Heimwehr zerstrittenen Christlichsozialen. Die Sozialdemokraten gewannen 41,1 Prozent (72 Mandate), die Christlichsozialen rutschten auf 35,7 Prozent (66 Mandate) ab; der Schober-Block (Großdeutsche und Landbund) erreichte 11,6 Prozent und die separat kandidierende Heimwehr 6,2 Prozent. Die Erdrutschgewinne Hitlers in Deutschland zwei Monate zuvor hatten noch keine Auswirkung auf Österreich: die NSDAP blieb hier mit 3 Prozent ohne Mandat.

Mit dem Kabinett des Vorarlberger Christlichsozialen Otto Ender, der Großdeutsche und Landbund in seine Regierung nahm und die Heimwehr draußen ließ, schien die Demokratie in Österreich noch einmal eine Chance zu bekommen.

Ender lehnte den Korneuburger Eid scharf ab, er bekannte sich offen zur parlamentarischen Demokratie, duldete, dass seine Koalitionspartner mit den Sozialdemokraten im Parlament die Abberufung Strafellas durchsetzten, und fand mit der SDAP eine gute Gesprächsbasis – bis der Konsens an dem Plan eines rigorosen Abbaus der staatlichen Sozialfürsorge zerbrach. Dazu kam, dass Enders Außenminister Schober, um der wirtschaftlichen Misere gegenzusteuern, 1930 eine Zollunion mit dem noch demokratischen Deutschland vereinbart hatte. Frankreich, Italien und die Tschechoslowakei protestierten. In diese Situation platzte die Zahlungsunfähigkeit der Creditanstalt. Frankreich war zu Finanzhilfe bereit, wenn Österreich vom Zollunionsvertrag zurücktrat. So geschah es.

Als Ender im Parlament das Recht verlangte, Verordnungen zur Stabilisierung des Staatshaushaltes zu erlassen, verweigerten die Sozialdemokraten die dafür notwendige Zweidrittelmehrheit. Ender gab auf, Bundespräsident Miklas betraute Seipel mit der Regierungsbildung. Dieser machte der SDAP ein Koalitionsangebot. Das Misstrauen, mit dem die Sozialdemokraten mit guten Gründen Seipel begegneten, ließ sie das Angebot ausschlagen, weil sie annehmen mussten, dass sie nur geholt würden, um die Belastungen der Bevölkerung mitzutragen. Seipel überließ die Regierungsbildung dem niederösterreichischen Landeshauptmann Karl Buresch. In seine mit dem Landbund gebildete Minderheitsregierung wurden als neue Minister der Direktor der NÖ-Landwirtschaftskammer, Engelbert Dollfuß, und der Tiroler Abgeordnete Kurt Schuschnigg aufgenommen; beide waren schon damals der Ansicht, dass das parlamentarische System abgelöst werden sollte.

Die Unzufriedenheit in der Heimwehr über die für sie enttäuschenden Parlamentswahlen ließ deren Führer wieder an Putschpläne denken, doch waren sie für ein einheitliches Vorgehen zu zerstritten. Der Judenburger Heimwehrführer und Rechtsanwalt Walter Pfrimer glaubte die Situation reif für eine Aktion analog dem „Marsch auf Rom" der Schwarzhemden Mussolinis.

Am 12. September 1931 ließ er seine 14.000 „Hahnenschwanzler" (nach der Spielhahnfeder, die ihre Hüte oder Kappen zierten) die obersteirischen Verkehrswege blockieren, die Bezirkshauptmannschaften besetzen und die sozialdemokratischen Bürgermeister verhaften; dabei kam es zu Kämpfen mit dem Schutzbund. Ein Trupp Heimwehrler zog über Waidhofen an der Ybbs bis vor Amstetten. Pfrimer rief sich zum „Staatsführer" aus, doch die übrigen Heimwehrführer schlossen sich ihm nicht an, und als das Bundesheer, wenn auch zögerlich, eingriff, brach der Putschversuch zusammen. Pfrimer flüchtete nach Jugoslawien, wurde nach seiner Rückkehr in einem Prozess freigesprochen (!) und schloss sich dann der Nazipartei an.

So mild waren die Gerichte nicht immer: Der Putschist Pfrimer, zwei Tage lang selbsternannter „Staatsführer“, wurde freigesprochen.

Die Folgen der Wirtschaftskrise wurden für die Bevölkerung immer drückender. Die Zahl der Arbeitslosen war 1930 auf rund 300.000 gestiegen. Die Nationalsozialisten waren 1930 mit 110.000 Stimmen ohne Mandat geblieben. Noch war die Hoffnungslosigkeit der Menschen nicht so groß geworden, dass sie auf deren Hassparolen hörten. Aber das sollte sich rasch ändern.

Mit den Heimwehren gegen die „rote Gefahr“

Der Motor der spezifisch österreichischen Ausformung des Faschismus waren die Heimwehren. Sie wurden aber schon früh von der gesamten Rechten, von allen Parteien und Politikern, die gegen die Sozialdemokratie waren, begünstigt. Die Querverbindungen wurden zwar durch Intrigen und Grabenkämpfe gestört; die Bandbreite der Heimwehrsympathisanten reichte von denen, die noch aufrichtig zur Erhaltung der Demokratie standen, bis zu jenen, die nur auf den günstigen Augenblick zu Putsch und faschistischem Staat warteten. Die Haltung zur Heimwehr zeigt das tiefe Misstrauen, das die bürgerlichen Parteien der demokratischen Republik gegenüber von Anfang an kennzeichnete.

Die von den Trümmern des Habsburgerreichs übrig gebliebene Republik Österreich krankte von Anfang an einem folgenschweren Problem: In den Umsturztagen des November 1918 war das Gewaltmonopol des Staates verloren gegangen. In den Wirrnissen des Umbruchs, während sich die k. u. k. Armee in Auflösung befand und die Soldaten, sofern sie nicht in die Gefangenschaft der Italiener geraten waren, heimwärts strömten, bildeten sich aus Sorge um den Verlust von Grenzgebieten, vor allem in Kärnten, örtliche und regionale Wehrverbände. Zugleich aber entstanden insbesondere in den bäuerlichen Gebieten Heimwehren, die sich nicht nur gegen Zwangsrequirierungen für die hungernden Städte stellten, sondern auch den „Wiener Bolschewismus“ abwehren wollten.

Das von den Siegermächten mit einem Minimalbestand zugelassene Freiwilligenheer, die Deutschösterreichische Volkswehr, war als wirksame staatliche Einsatzkraft zu schwach und galt bei vielen Konservativen als sozialdemokratisch verseucht.

An der Spitze der Heimwehren, die sich in den ersten Monaten des Jahres 1919 in sehr vielen Gemeinden bildeten, standen zumeist Offiziere der alten Armee und Korpsstudenten, die die letzten Kriegsjahre als Kadetten verbracht hatten. Finanziell gestützt von Großgrundbesitzern und Industriellen, sollte mit dem „Heimatschutz" eine Reservearmee gegen rote Umsturzversuche aufgestellt werden. Neben Kärnten waren Tirol und die Steiermark Zentren des Aufbaus der Heimwehr. In Tirol trat der christlichsoziale Landtagsabgeordnete Richard Steidle nach dem Sturz der Räterepublik in Bayern mit der dortigen Rechtsregierung und der rechtsextremen Organisation Escherich (Orgesch) in Verbindung, die Heimwehr wurde von dort mit Waffen ausgerüstet. Der christlichsoziale Landeshauptmann der Steiermark, Anton Rintelen, bildete 1919 eine „Steirische Heimwehr", und in der Obersteiermark rüstete sie der Rechtsanwalt Walter Pfrimer mit dem Geld der mächtigen Alpine-Montan-Gesellschaft gegen die „rote Gefahr" auf. In Vorarlberg wurde die Heimwehr zu einer halboffiziellen Organisation, die dem Landeshauptmann verantwortlich war. Die ständigen Reibereien zwischen den einzelnen Heimwehrführern, Spaltungen in Gruppen, die den Christlichsozialen bzw. Großdeutschen nahe standen, verärgerten die industriellen Geldgeber. Sie drohten mit Einstellung der Subventionen. Inzwischen hatten die Heimwehren im christlichsozialen Bundeskanzler Prälat Seipel einen wichtigen Sympathisanten gefunden. Die Geldgeber schlugen 1922 vor, ihre Mittel für die Heimwehr direkt an den Kanzler zu überweisen, der sie verteilen sollte; auch dies zerschlug sich, und mit der Stabilisierung der wirtschaftlichen und politischen Lage schwand für die nächsten Jahre der Einfluss der Heimwehren. Julius Deutsch schlug nach Zusammenstößen in Judenburg namens der

Mit ihren Aufmärschen bot sich die Heimwehr als Kraft gegen die „Roten" an, wie hier auf dem Ring. Starhemberg winkt, links neben ihm Steidle.

Sozialdemokratischen Partei vor, alle Wehrverbände zu entwaffnen; dies wurde abgelehnt. Als dann am 17. Februar 1923 der Sozialdemokrat Franz Birnecker in Wien-Baumgarten von einem monarchistischen Schlägertrupp ermordet wurde, gründete die SDAP den Republikanischen Schutzbund. Sein Programm war – neben Ordnerdiensten bei sozialdemokratischen Veranstaltungen – defensiv: Er bekannte sich zum Schutz der demokratischen Republik gegen restaurative Umsturzversuche.

Die Ereignisse des Sommers 1927 – Justizpalastdbrand und Polizeimassaker, von Seipel als Niederschlagung eines roten Umsturzversuchs beschönigt – gaben der Heimwehr Auftrieb. Gegen die in jenen Tagen auflodernden Streiks wurde die Heimwehr in mehreren Bundesländern bereits als Hilfspolizei eingesetzt. Seipel selbst setzte nun immer deutlicher auf sie als bürgerliche Kampfbewegung. Die Heimwehr suchte durch Bestellung Steidles als Bundesführer (1928) die zerstrittenen Gruppen zu einen. Immer mehr wurde der italienische Faschismus zum ihrem Vorbild. Steidle leistete sich Zusagen, die glatter Hochverrat waren. So verpflichtete er sich gegenüber dem ungarischen Grafen Bethlen, die Macht in Österreich zu ergreifen. Auch sagte er Mussolini zu, dass seine Rechtsregierung „die Südtiroler Frage weder offiziell noch in der Öffentlichkeit aufwerfen noch eine diesbezügliche Propaganda dulden" werde. Daraufhin stellte die italienische Regierung der ungarischen eine Millionensumme zur Weiterleitung an die Heimwehr zur Verfügung.

In Oberösterreich nahm sich der Gutsbesitzer Ernst Rüdiger Starhemberg, Freikorpskämpfer in Oberschlesien und Teilnehmer an Hitlers Putschversuch in München, der Heimwehr an und bildete militärisch straff organisierte „Jägerbataillone". Er verstärkte die Kontakte zu Mussolini, der ihn mit Geld und Waffen unterstützte und ständig darauf drang, das „Rote Wien" auszulöschen und eine ihm genehme Regierung durchzusetzen, die eine strategische Brücke für die Allianz Italien-

Ungarn bilden sollte. Mit dem „Korneuburger Eid" vom 18. Mai 1930 bekannten sich große Teile der Heimwehr offen zum Faschismus: „Wir wollen nach der Macht im Staate greifen … Wir verwerfen den westlichen Parlamentarismus und den Parteienstaat!"

Die Großdeutschen lehnten dieses Gelöbnis ab, der Landbund wies seine Anhänger an, aus der Heimwehr auszutreten, und gründete eigene Bauernwehren. Die Christlichsozialen, die Julius Raab als Verbindungsmann in die Heimwehr entsandt hatten, stellten ihren Abgeordneten das Bekenntnis zum Gelöbnis von Korneuburg (das Raab abgegeben hatte) frei. Der christlichsoziale Landeshauptmann von Vorarlberg Otto Ender betonte hingegen, die ihm unterstellte Vorarlberger Heimwehr stünde auf dem Boden der Verfassung.

Die Heimwehr hatte geglaubt, in Johann Schober (von September 1929 bis September 1930 Bundeskanzler) den „starken Mann" gefunden zu haben, der ihr Ziel, die sie in keiner Weise befriedigende Verfassung von 1929 aufzuheben, verwirklichen würde. Aber Schober ging seinen eigenen Weg, obwohl ihm der Bischof von Graz Pawlikowski über Vermittlung von Landeshauptmann Rintelen anbot, ihn seines Eides auf die Verfassung zu entbinden. Schober mutete sich sogar zu, der Heimwehr die Stirn bieten zu können, indem er den „bösen Geist", der Steidle beriet und lenkte, den aus Deutschland geflüchteten, zum Bundesstabsleiter der Heimwehr avancierten Hauptmann Waldemar Pabst, aus Österreich auswies. Von da an intrigierte die Heimwehr so lange gegen Schober, bis dieser als Kanzler ging; Pabst wurde bei seiner Rückkehr aus Italien in Innsbruck festlich empfangen.

Starhemberg löste Steidle 1930 als Bundesführer ab und trat mit einem eigenen „Heimatblock" zur Wahl an, nachdem ein Wahlbündnis mit den Nazis an deren Forderung nach paritätischer Verteilung der zu gewinnenden Mandate gescheitert war. Major Emil Fey, der seit 1923 in verschiedenen konservativen Wehrverbänden aktiv war, unterstützte jedoch als Landesführer der Wiener Heimwehr die Christlichsozialen. Der Heimatblock gewann mit enttäuschenden 6 Prozent nur 8 Mandate, die Nazis gingen mit 3 Prozent überhaupt leer aus. Auch wurde eine „Unabhängige Gewerkschaft" gegründet, die de facto von den Arbeitgebern abhängig war. In der Alpine Montan wurden nur noch die Heimwehr-Gewerkschafter geduldet. Ein Putschversuch des Steirischen Heimatschutzes unter Pfrimer scheiterte 1931 kläglich; Pfrimer musste kurzfristig ins Ausland flüchten; ein Teil der steirischen Heimwehr ging 1932 zu den Nazis über und wurde 1933 verboten.

Trotz allem wurde die Heimwehr zum Zünglein an der Waage, als Dollfuß ihre Stimmen im Parlament brauchte, um sich 1932 an der Regierung zu halten; gestützt auf Mussolinis Druck beflügelte sie Dollfuß, seinen autoritären Kurs bis zur Diktatur fortzusetzen. Als von der Regierung offiziell als Hilfskorps der Exekutive angeschlossene Hilfspolizei tat die Heimwehr 1934 ihre blutigen Dienste und war bei ihren Gegnern besonders verhasst. Sie wurde danach mit Machtpositionen ihrer Führer im Ständestaat-Regime belohnt. Erst 1936 entledigte sich Bundeskanzler Schuschnigg ihrer mit der Absetzung Starhembergs als Vizekanzler, als dieser Mussolini 1936 zur Einnahme der äthiopischen Hauptstadt gratuliert hatte. Die Heimwehr wurde als „Frontmiliz" der Vaterländischen Front eingegliedert.

Schuschniggs „Ostmärkische Sturmscharen"

Kurt Schuschnigg begegnete der Heimwehr schon als Tiroler Abgeordneter mit Misstrauen. Auch klerikale Kreise waren mit dem Heimwehr-Kurs nicht immer einverstanden. Die Idee, eine zur Christlichsozialen Partei völlig loyale Kampftruppe zu bilden, kam aus der Tiroler katholischen Jugend, Schuschnigg griff sie auf und gründete 1930 die „Ostmärkischen Sturmscharen"/OSS (sie nannten sich in der Tat so und nicht „Österreichisch"). Mit dem Christusmonogramm als Symbol marschierten sie – zum Unterschied vom Grün der Heimwehren in den hechtgrauen Uniformen der k. u. k. Armee – als militärische Organisation erstmals beim Katholikentag 1933 auf. Zusammen mit der Heimwehr bekamen sie in diesem Jahr den Status einer Hilfspolizei. Dollfuß übernahm die Ehrenführung des Verbandes, Schuschnigg war dessen Führer und blieb es auch als Kanzler. Er legte immer Wert auf die Feststellung, dass die OSS keineswegs seine Privatarmee waren. Und er betont in seinen Memoiren, dass die Ausrüstung dieses „Schutzkorpsverbandes" ausschließlich aus österreichischen Quellen stammte und – Spitze gegen die Heimwehr – „niemals vom Ausland Subventionen oder Waffen bezogen wurden".

Die OSS gaben sich in ihrem Programm betont katholisch. „Jeder Sturmschärler weiht sein Leben Gott und dem Vaterlande", besagt dessen erster Artikel. „Er kämpft für den christlichen Staat und daher für die Rechte der Kirche. Er will katholischer Ostmarkdeutscher sein und glaubt an die Sendung dieses Stammes ..." Die Heimwehrführer betrachteten den neuen Kampfverband mit scheelen Augen, zumal er ja im selben Reservoir wie sie nach Mitgliedern fischte. Auch ideologisch schwenkten die OSS nicht voll auf den faschistischen Kurs der Heimwehr ein.

Im gemeinsamen Kampf gegen die sozialdemokratischen Schutzbündler im Februar 1934 traten diese Gegensätze zurück. Allerdings wurde die Kampfkraft der OSS von Exekutive und Heimwehr gering geschätzt, so dass einige besonders eifrige Mitglieder das Ansehen ihres Verbandes „auf wenig gottgefällige Weise dadurch aufzupolieren suchten, dass sie toten Schutzbündlern die grauen OSS-Uniformen anzogen, damit sie stolz auf ihre Opfer verweisen konnten" (M. Kraßnitzer).

Sturmschärler waren nicht nur Bewacher im Anhaltelager Wöllersdorf, sie dürften auch die zwei Opfer fordernden

Mordschützen beim Überfall auf eine illegale sozialdemokratische Versammlung auf der Predigtstuhlwiese bei Kaltenleutgeben im Juli 1934 gewesen sein (Rudolfine Muhr). Wegen der OSS-Parallelgründungen zu bestehenden Heimwehrgruppen kam es 1935 sogar zu handfesten Raufereien in mehreren Orten. Mit der Eingliederung der diversen Wehrverbände in die VF-Frontmiliz wurde dies 1936 beendet. Vor allem aus OSS-Mitgliedern bildete Schuschnigg ein in dunkle Uniformen gekleidetes „Sturmkorps" als Leibgarde.

Nach dem „Anschluss" wurden etliche führende Heimwehr- und Sturmscharführer Opfer der Verfolgung durch die Nationalsozialisten. So wurde Richard Steidle, zuletzt Sicherheitsdirektor von Tirol, 1940 im Konzentrationslager Buchenwald ermordet. Der Führer der Wiener Sturmschar, Jakob Kastelic, wurde als Widerständler einer „Großösterreichischen Freiheitsbewegung" am 2. August 1944 in Wien enthauptet. Emil Fey beging am 15. März 1938 Selbstmord. Starhemberg befand sich zu dieser Zeit in der Schweiz. NS-Freunde legten ihm nahe, nicht in die Heimat zurückzukehren. Pabst kehrte 1931 nach Deutschland zurück und starb dort unbehelligt 1970. Julius Raab war von 1953 bis 1961 österreichischer Bundeskanzler.

„Waffen gegen die Feinde Jesu Christi“

Am 2. August 1932 starb in Pernitz (NÖ) der Prälat Dr. Ignaz Seipel, vormals Bundeskanzler der Republik Österreich (1922 bis 1924 und 1926 bis 1929). Sein Privatsekretär August Maria Knoll hat bezeugt, dass die letzten Worte dieses Mannes auf dem Sterbebett waren: „Man muss schießen, schießen, schießen!“ Was immer da der Gottesmann mit seinem Gott auszumachen hatte – diese Worte stehen da wie der Schlussstein zu der düsteren Größe, mit der sein Wirken den verhängnisvollen Weg, den die Erste Republik nahm, beeinflusst hat.

Der englische Journalist Gedye, ein Chronist der Zwischenkriegszeit in Wien, hat einmal angemerkt, Seipel sei zu spät geboren worden, das neue Österreich sei zu klein gewesen für seinen Ehrgeiz und sein politisches Genie. Es fragt sich aber, ob das Geburtsdatum 1876 – damals kam Seipel als Sohn eines Fiakers in der Wiener Vorstadt zur Welt – nicht auch dann zu spät gewesen wäre, wenn die Monarchie noch weiter existiert hätte. Denn in vielem, ja Wesentlichem, scheint die Gedankenwelt dieses Ignaz von seinem Namenspatron Ignatius von Loyola geprägt worden zu sein, er sah sich in eine Welt des Kampfes zwischen Himmel und Hölle gestellt und – ein später Nachzügler der Gegenreformation – berufen, seinen Teil dazu beizutragen, dass dieses geschlagene, ungebärdige und unzuverlässig gewordene Kind Österreich nicht seiner Mutter, der allein selig machenden katholischen Kirche, verloren gehe. Trotz persönlicher großösterreichisch-habsburgischer Sympathien waren daher für Seipel die Frage Republik oder Monarchie, Anschluss oder Donauföderation oder Kleinösterreich nie Kardinalfragen, sondern hatten sich dem großen Hauptziel unterzuordnen.

Für den vom Priesteramt zum Moraltheologen Aufgestiegenen, der schon jung – wie damals fast jeder Kaplan – in die Christlichsoziale Partei eingetreten und im letzten kaiserlichen Kabinett 1918 zum Minister für soziale Fürsorge berufen worden war, galt für die Politik: Es gibt keine kirchlichen Normen auf weltlichem Gebiet außer der Geltendmachung des christlichen Sittengesetzes. Sein politisches Geschick bewies er, als er die Abdankungsformel für Kaiser Karl so formulierte, dass sie explizit gar keine Abdankung enthielt (was Karl freilich nichts mehr nützte). Als gewiegter Taktiker wurde Seipel 1921 zum Obmann der Christlichsozialen Partei und rückte1922 nach dem Sturz Johann Schobers als Kanzler an die Spitze der Republik. Die Linie seiner Innenpolitik war klar: Mit der „gottlosen" Sozialdemokratie gab es keine Verständigung. Er schloss mit den Großdeutschen einen Koalitionspakt, der klar gegen die „Roten" gerichtet war; die Opposition sollte auch nicht mehr „von außen her" mitregieren, sondern ins Abseits gedrängt werden.

Seipels „Sanierung" mit Hilfe einer Völkerbundanleihe wurde von den Sozialdemokraten als kapitalistische Restauration und als Verzicht auf Österreichs Selbstbestimmung scharf angegriffen. Sie beseitigte zwar die Inflation, führte aber zur ersten großen Welle einer Massenarbeitslosigkeit.

Bei den Wahlen 1923 erlitten die bürgerlichen Parteien hohe Einbußen, in Wien schnellte der sozialistische Anteil auf 78 von 120 Mandaten. Seipel musste gehen, aber als sich seine Nachfolger in Bankenskandale verwickelten, trat er 1927 als Retter des „Bürgerblocks" erneut in den Vordergrund: Die tragische Bewährungsprobe, wie er diese Funktion verstand, legte er am 15. Juli ab, als er Polizeipräsident Schober in die gegen einen skandalösen Freispruch von Arbeitermördern vor dem

Die überragende Persönlichkeit des Prälaten und Bundeskanzlers Ignaz Seipel bestimmte den kompromisslos antisozialistischen Kurs des Bürgerblocks.

Justizpalast demonstrierende Menge schießen ließ. Die 89 Todesopfer dieses blutigen Tages machten die Kluft zwischen Rechts und Links unüberbrückbar, und Seipel wurde zum „Prälat ohne Milde", als er erklärte: „Verlangen Sie nichts vom Parlament und von der Regierung, das den Opfern und den Schuldigen an den Unglückstagen gegenüber milde scheint, aber grausam wäre gegenüber der verwundeten Republik."

Der Kanzler setzte zu diesem Zeitpunkt schon eher auf die faschistische Heimwehr als auf die Demokratie. Er begrüßte sie als „starke Volksbewegung, die die Demokratie von der Parteienherrschaft befreien will", und bekannte sich zur bewaffneten Auseinandersetzung: „Wenn wird die Feinde Jesu Christi in besser organisierten und bewaffneten Gruppen marschieren sehen, dann müssen wir alles dazu tun, um die Mängel in unserer eigenen Bewaffnung und Organisation zu beheben. Die wahre Liebe für das Volk muss sich darin ausdrücken, dass wir dem entscheidenden Kampf im Volk und für das Volk nicht aus dem Weg gehen."

Nach seinem Rücktritt 1929 zog er die Fäden für eine Verfassungsänderung, die Österreich zu einer Präsidialrepublik machen sollte; offenbar dachte er selbst daran, das Amt auszuüben. Den neuen Bestimmungen, die dem Bundespräsidenten mehr Macht gaben und dessen Volkswahl vorsahen, wurden aber in den Verhandlungen mit der Linken die Giftzähne gezogen.

Noch immer als graue Eminenz auf einen politischen Kurs nach seinem Geschmack bedacht, torpedierte Seipel die seiner Meinung nach viel zu demokratische Haltung seiner Kanzler-Nachfolger Streeruwitz und Schober. Streeruwitz hatte zunächst im Einklang mit Seipel die Heimwehr unterstützt, doch als diese auf den zum Kanzler Berufenen Druck ausüben wollte, die Verfassung mit autoritären Maßnahmen auszuhöhlen, und er dem widerstrebte, begann die von Seipel diskret geförderte Hetze gegen den „schwachen Kanzler". Im christlichsozialen Parlamentsklub formierten sich die Gegner Streeruwitzs, so dass dieser nach fünf Monaten das Handtuch warf.

Seinem parteilosen Nachfolger Johann Schober, der bereits 1922 gegen Seipel den kürzeren gezogen hatte, erging es in seiner zweiten Kanzlerschaft nicht viel besser. Selbst Sympathisant der Großdeutschen, hielt er die Bürgerblock-Koalition zusammen, suchte aber auch faire Kontakte mit der Opposition und blieb fest gegenüber der auf einen faschistischen Kurs drängenden Heimwehr. „Umso bösartiger wurde er von Seipel angegriffen, der sich vom parlamentarischen Regierungsverfahren ganz abgekehrt hatte und zudem einen stärkeren weltlichen Arm für die Kirche suchte" (Adam Wandruszka). Als die Verfassungsreform von 1929 nicht das von Seipel gewünschte Ergebnis brachte, den Heimwehr-Ruf nach dem „starken Führer" zu erfüllen, waren Schobers Tage als Kanzler gezählt. Und als Schober in der übernächsten Regierung von Kanzler Ender als Außenminister eine Zollunion mit Deutschland vorbereitete, dürfte Seipels Gegnerschaft diesen Plan durch Indiskretionen verhindert haben. In der Zwischenzeit hatte Seipel in der Regierung Vaugoin das Amt des Außenministers angenommen, und dieses Kabinett wäre schon insofern nach seinem Geschmack gewesen, als es mit Starhemberg (als Innenminister) und Hueber zum ersten Mal Heimwehrführer aufnahm. Aber noch endete Seipels Heimwehrkurs bei den Wahlen im November 1930 in einem Fiasko.

Als der Krach der Creditanstalt Österreichs Wirtschaft ins Bodenlose zog, riet Seipel plötzlich zu einer Verständigung mit den Sozialdemokraten. Diese lehnten das Koalitionsangebot, das sie nur zu Mitverantwortlichen der unvermeidlichen Belastungen gemacht hätte, ab. Seipel, der seit 1924 an den Folgen des Attentats eines Wirrkopfs laborierte, starb in Zurückgezogenheit. „Der Inhalt seines Lebens war sein Kampf gegen uns", schrieb der politische Kopf der Sozialdemokraten, Otto Bauer, in einem Nachruf, in dem er dem „persönlich reinen" Gegner seine Achtung zollte. Die Überzeugungen, die Seipels Politik leiteten, hatten freilich schon die Richtung vorgezeichnet, die seine Jünger nun einschlagen sollten.

Elend schafft keine Revolutionäre

Am 6. Oktober 1929, einem Sonntag, schwärmten Gendarmen aus, um den Präsidenten der Creditanstalt, Baron Louis Rothschild, in seinem Jagdrevier aufzustöbern. Niemand anderer als Bundeskanzler Johann Schober hatte den Auftrag zu der Suchaktion gegeben. Es galt, die österreichische Volkswirtschaft vor einem Debakel zu bewahren. Denn am Abend zuvor hatte die Bodencreditanstalt des Bankiers Rudolf Sieghart, Eignerin großer Industriekonzerne und Financier der faschistischen Heimwehr, als Folge ihrer maßlosen Expansionspolitik Zahlungsunfähigkeit anmelden müssen. Als Rothschild endlich gefunden war, raste der Kanzler zu ihm und beschwor ihn, die Pleitebank durch einen Fusionsvertrag mit der Creditanstalt, der größten österreichischen Bank, zu erhalten. Rothschild ließ sich überreden, und das Vaterland schien noch einmal gerettet.

Was in den Wochen darauf folgte, lässt Österreich mit der Misere um die Bodencredit (die keineswegs der einzige Bankenskandal der Ersten Republik war), wieder als „Versuchsstation für Weltuntergänge" erscheinen. In Amerika sollte ein schockartig eintretender Aktiensturz eine tragische Entwicklung für die ganze Welt auslösen.

Am Morgen des 25. Oktober 1929 erwachten die Bürger Amerikas in einer völlig veränderten Welt. An diesem „Schwarzen Freitag" musste die New Yorker Börse einen gewaltigen Kurssturz hinnehmen. Was viele nicht für möglich gehalten

Die Arbeitslosigkeit stürzte Hunderttausende Menschen in unvorstellbares Elend.

hatten – die Hoffnung auf „eternal prosperity“, auf einen ungebrochenen, unaufhaltsamen wirtschaftlichen Aufstieg, der Wohlstand für alle sichern würde, war an einem Tag vom Winde verweht. Der Kapitalismus stürzte in die größte Krise seiner Geschichte, und mit Amerika schlitterten viele Länder der Erde in eine Wirtschaftsmisere, die nicht nur Millionen Aktienbesitzer ruinierte, sondern infolge der in den meisten Staaten eintretenden Massenarbeitslosigkeit schwer wiegende politische Folgen zeitigte.

Der New Yorker Aktiensturz war freilich nicht die Ursache, sondern nur der Auslöser dieser Krise. Zwar kann bis heute niemand erklären, warum gerade am 24. Oktober aus allen Teilen Amerikas Verkaufsaufträge bei den Börsenmaklern einlangten, die am Tag darauf weiter anstiegen und den gewaltigen Kurssturz verursachten. Wohl hatte es zuvor Kritik an der übertriebenen Kursentwicklung und Warnsignale wie vereinzelte Bankenzusammenbrüche und Aktienschwindel gegeben, doch blieben in Verkennung der Situation wirksame Eingriffe aus. Auch das kleine Österreich, das eben mit Mühe die Bodencreditanstalt gerettet hatte, geriet nun, wie vor allem auch Deutschland, in den Sog der in New York ausgelösten Weltwirtschaftskrise.

Die große Krise traf Österreich wegen der unbewältigten Strukturprobleme, die der Zerfall der Habsburgermonarchie mit sich gebracht hatte, härter als die meisten anderen Länder. Die Industrieproduktion hatte in der Zwischenkriegszeit nie mehr das Niveau der Vorkriegsjahre erreicht. Nun sank das Bruttonationalprodukt bereits 1930 um 2,8 Prozent, die Industrie produzierte 1933 nur noch 60 Prozent der Güter verglichen mit der Zeit vor 1914. Die Arbeitslosigkeit stieg von Jahr zu Jahr und erreichte Ende 1934 den traurigen Rekord von 770.000 Betroffenen, das waren 38,5 Prozent der unselbstständig Erwerbstätigen. Aus blühenden Industriezentren wurden sterbende Städte: In Wiener Neustadt waren 60 Prozent arbeitslos, Steyr wurde zum Armenhaus Österreichs.

Nicht nur Österreich litt darunter, dass die USA als Hauptgläubiger der Welt infolge des Kurssturzes begannen, die Auslandschulden in den anderen Ländern einzutreiben. Schober wollte dem durch eine Zollunion mit dem demokratischen Deutschland gegensteuern; durch eine Indiskretion – möglicherweise durch den hinter den Kulissen die Fäden ziehenden Exkanzler Seipel – wurde das Geheimabkommen vorzeitig bekannt; Frankreich, Italien und die Tschechoslowakei protestierten, und die Regierung Ender-Schober musste zurücktreten. Ihr folgte der ebenso glücklose Christlichsoziale Karl Buresch als Kanzler. 1931 kollabierte Österreichs größte Bank, die Creditanstalt. Ein Zusammenbruch wurde zwar durch Nationalbank und Haus Rothschild verhindert, doch hatte die zu Tage getretene Schwäche weitere Kapitalflucht zur Folge. Engelbert Dollfuß, der 1932 mit der Parlamentsmehrheit von einer Stimme, wozu er die Heimwehr brauchte, das Kanzleramt antrat, erhielt eine internationale Anleihe unter der Bedingung, dass er in Völkerbundskommissar Rost van Toningen einen Aufpasser akzeptieren musste, der Sparmaßnahmen vorgab. Es war ein Teufelskreis: Die Kürzung der Staatsausgaben schwächte die Konsumkraft und vermehrte die Arbeitslosigkeit, was wiederum die Wirtschaft weiter schrumpfen ließ.

Das 1934 vom Ständestaat-Regime in Angriff genommene Arbeitsbeschaffungsprogramm beschränkte sich auf Notstandsmaßnahmen, produktive Industrieinvestitionen gab es nicht. Dass keine neuen Ideen Platz griffen, lag an der von der katholischen Soziallehre geprägten Technikfeindlichkeit und an der Angst vor einer neuen Inflation. Im Sommer 1933 beschlossen die Freien Gewerkschaften und die Sozialdemokratische Partei ein Programm „Arbeit für 200.000“ mit dem Schwerpunkt auf einer Politik der Arbeitsbeschaffung; die SPÖ sprang mit dieser Aufnahme von Ideen, wie sie der englische Volkswirtschaftler J. M. Keynes seit 1926 der klassischen Nationalökonomie entgegenzusetzen suchte, über ihren Schatten, war sie doch bis dahin für Planwirtschaft eingetreten.

Allerdings führte die Tatsache, dass die Sowjetunion von der Weltwirtschaftskrise unberührt geblieben war, zu Diskussionen (obwohl die kommunistische Mangel- und Zwangswirtschaft Vergleiche mit den Vorgängen in der kapitalistischen Welt nicht erlaubten). Die austrofaschistische Regierung jedenfalls blieb gegenüber der Wirtschaftsmisere hilflos.

In Österreich hatte die Arbeitslosigkeit und die Salamitaktik, mit der Dollfuß die Sozialdemokratie beschnitt, die Arbeiterschaft zermürbt. Mit dem Februar 1934 wurden vom Regime progressive Alternativen in der Wirtschaftspolitik ausgeschaltet. In Deutschland hingegen gelang es den Versprechungen und der Hetze der Nazis, bei den Wahlen mandatsstärkste Partei zu werden. Nach seinem Machtantritt begann Hitler sofort, durch massive öffentliche Investitionen – die allerdings offen oder versteckt der Aufrüstung dienten – die Arbeitslosigkeit spürbar abzubauen. Das ließ nun viele, vor allem junge Menschen, in Österreich sich dem Nazi-Untergrund zuwenden und nach Deutschland blicken, schien sich doch dort ihre Hoffnung auf einen Weg aus der Misere zu erfüllen – freilich um einen Preis, den sie nicht kannten oder nicht kennen wollten.

Das Elend, das sich in Österreich ausbreitete, war auch in Regionen und Stadtvierteln spürbar, die keineswegs zu den ausgesprochenen Notstandsgebieten gehörten. Der Autor erinnert sich daran, dass, wenn er als Fünf- oder Sechsjähriger zum Greißler geschickt wurde und es gerade Freitag war, dort auf einer Leiste vor dem Ladentisch in langer Reihe kupferfarbene Zwei-Groschen-Stücke lagen. Die Bettler drückten einander die Klinke in die Hand, jeder von ihnen durfte sich eine der Münzen nehmen. Zumeist waren es bedrückte Elendsgestalten, ähnlich jenen, die sich einen Notgroschen aus dem „Bettlerautomat“ holten, den der Fotograf Lothar Rübelt in einem Bilddokument festgehalten hat.

Ganz anders waren oft die Musikanten, die in den Höfen aufspielten, meist junge Burschen, die etwa in einem bürgerli-

Ein Bild der Hoffnungslosigkeit: „Ausgesteuerte" und Invalide waren auf milde Gaben angewiesen.

chen Wiener Bezirk wie Währing wussten, wie sie bei manchen Bewohnern besonderen, in Münzen aufgewogenen Beifall fanden. Nämlich, wenn sie auf Gitarre und Harmonika die Melodie des Horst-Wessel-Liedes, der Nazihymne, erklingen ließen. Wenn Hausbewohner Unmut äußerten oder der vor dem Haustor „Schmiere“ Stehende mit Pfiff vor einem Wachmann warnte, ertönte flugs der Schlager „Bei der blonden Kathrein“ …

Die Hunderttausenden Arbeitslosen und Ausgesteuerten, die zusammen mit ihren Familienangehörigen, dazu mit den ebenfalls unter der sinkenden Kaufkraft leidenden kleinen Selbstständigen und auch vielen Bauern bald ein Viertel der Bevölkerung ausmachten, sahen die Schuldigen in erster Linie bei dem ungeliebten Regime; und die Nazis vergaßen nicht, auch die „Bankjuden“ als die dahinter stehenden Hauptschuldigen anzuprangern. Diese Schuldzuweisungen waren freilich angesichts der Weltwirtschaftskrise und der Auslandsabhängigkeit des kleinen Österreich nur zum Teil berechtigt, aber die Ständestaat-Machthaber trugen zu dem Hass gegen sich nicht selten durch das Auswahlverfahren bei, das vor allem „Rote“ um ihren Arbeitsplatz brachte und die Quasi-Einheitspartei Vaterländische Front zu einer Zwangsorganisation machte.

Das wissenschaftlich fundierte Zeugnis für das große Elend erbrachte eine soziologische Pioniertat, die Studie „Die Arbeitslosen von Marienthal“ von Paul Lazarsfeld, Marie Jahoda und Hans Zeisel (alle drei emigrierten noch vor dem „Anschluss“).

Isidor Mautners Textilfabrik Marienthal (im Gemeindegebiet von Gramatneusiedl, NÖ), die noch 1929 rund 1300 Arbeiterinnen und Arbeiter beschäftigt hatte, fiel wenig später der Krise zum Opfer; 80 Prozent der Bevölkerung von Marienthal wurden dadurch arbeitslos. Unter Mitarbeit etlicher Studenten untersuchten die Autoren deren Situation im Jahr 1932. Das Ergebnis war: Arbeitslosigkeit verursacht neben physischen Erkrankungen auch eine Veränderung der Psyche und damit Auswirkungen auf die politische Haltung der Betroffenen.

„Langsam aber stetig steigt der materielle Druck“, heißt es im Resümee der Studie. „Die Ansprüche an das Leben werden immer weiter zurückgeschraubt; der Kreis der Dinge und Einrichtungen, an denen noch Anteil genommen wird, schränkt sich immer mehr ein; die Energie, die noch bleibt, wird auf das Aufrechterhalten des immer kleiner werdenden Lebensraumes konzentriert ... Am Ende dieser Reihe stehen Verzweiflung und Verfall.“

Die Arbeitslosenunterstützung in jener Zeit reichte nur, die Grundnahrungsmittel für eine Familie zu kaufen. An Erneuerung von Gewand und Schuhen war kaum zu denken, viele Kinder mussten im Winter der Schule fern bleiben, weil sie kein Schuhwerk mehr hatten. Aber selbst das Arbeitslosengeld wurde nur eine Zeitlang gewährt. Die „Ausgesteuerten“ waren auf die Hilfe ihrer Gemeinde oder karitativer Organisationen angewiesen.

Noch vor Dollfuß hatte die Regierung auf Straßenprojekte zur Bekämpfung der Not gesetzt: 1930 wurde der Bau der Glockner-Hochalpenstraße begonnen, eine technische Großleistung, bei deren Eröffnung allerdings schon Hitlers Tausend-Mark-Sperre dem Fremdenverkehr arg zugesetzt hatte. Unter Dollfuß wurde der Bau der Wiener Höhenstraße in Angriff genommen; auch ein freiwilliger Arbeitsdienst wurde eingeführt. Diese Maßnahmen konnten die Not kaum lindern, da industrielle Großinvestitionen ausblieben.

Die Bankenkrise war übrigens noch nicht voll ausgestanden. 1934 musste der „Ständestaat“ den vor der Pleite stehenden Wiener Bankverein mit hohen Millionenbeträgen sanieren und durch eine Fusion mit der Creditanstalt retten. Ein viel schwererer Schlag mit politischen Auswirkungen war der Zusammenbruch der Lebensversicherungsgesellschaft „Phönix“; deren Verluste machten immerhin 3 Prozent des österreichischen Volkseinkommens aus. Die Liquidierung der „Phönix" musste von den Angestellten und den Polizzeninhabern getragen werden. Als Untergrundblätter der Sozialdemokraten und der Nazis genüsslich auch eine (von der Auslandspresse übernommene) Payliste aufdeckten, auf der auch die Namen von Regierungsmitgliedern aufschienen, war der Skandal perfekt, wobei die jüdische Leitung des Unternehmens Wasser auf die Mühlen der Antisemiten war. „Nix – Gar nix – Phönix" steigerte der Volksmund schicksalsergeben auf den Skandal, der (in Zeiten fortbestehender Wirtschaftsmisere) dem Regime einen weiteren Vertrauensverlust eintrug.

Die Sozialdemokratie aber musste aus der Marienthal-Studie lernen, dass aus dem durch Arbeitslosigkeit entstandenen Elend bei den Massen keineswegs revolutionäre Gesinnung entspringt, sondern eher Solidaritätsverlust und Apathie, wie es sich dann am 12. Februar 1934 erwies. Der Rattenfänger jenseits der Grenze, der den ganzen Hass auf eine ohnedies unbeliebte Bevölkerungsgruppe fokussierte, bekam Hochsaison.

Der Schock: Nazis im Wiener Rathaus!

Das bürgerliche Lager hatte mit der Verteidigung der ihr suspekten demokratischen Republik wenig im Sinn. Gebannt blickte es auf die angebliche Bedrohung durch eine „Diktatur des Proletariats" seitens der Linken; die permanente, offen bekundete Ablehnung der parlamentarischen Demokratie durch die faschistischen Heimwehren wurde geflissentlich ignoriert, auch wenn dann und wann vereinzelte besorgte Stimmen aus dem christlichsozialen Umfeld kamen, denen allzu herzliche Beziehungen zu den Heimwehren nicht geheuer waren.

„Und was tut inmitten dieser offen zur Schau getragenen Republik diese zu ihrer Selbstverteidigung?", fragte Karl Renner 1932 in einem Aufsatz über „Verteidigung und Bedrohung der Republik Österreich". „Schafft sie die erforderlichen Gesetze zu ihrem Schutz? Hält ihre Verwaltung Bereitschaft, um Anschläge abzuwehren? Sind ihre Gerichte der Pflicht bewusst, jede Bedrohung zu ahnden? … Wir haben in Österreich niemals ein Gesetz zum Schutze der Republik erlassen! … Niemand darf ungestraft seinen Nachbarn schmähen – aber die oberste Vertretung des Volkes ist bei uns praktisch beinahe vogelfrei. Wer eines anderen Körper mit Verletzung bedroht, ist strafbar – wer aber Zehntausende mit Erschießen bedroht, verkündet bloß sein politisches Hochziel und bleibt unverfolgt …"

Als Renner diese Zeilen schrieb, schienen sie vor allem gegen die Heimwehr gerichtet, waren doch erst wenige Wochen vergangen, seitdem der steirische Heimwehrführer Pfrimer (vergeblich) gegen die Republik geputscht hatte. Dieser wollte damit nur in die Tat umsetzen, was sein Wehrverband mit einem öffentlichen Eid als Ziel bekundet hatte, und wenn ihn auch rivalisierende Kameraden im Stich gelassen hatten – von einem Abrücken von diesem Ziel war keine Rede. Noch war eine andere, noch gefährlichere Bedrohung aus dem rechtsradikalen Umfeld nicht voll ins Bewusstsein der österreichischen Politiker gerückt; um so größer war der Schock, der im Jahr 1932 die Nationalsozialisten als politische Kraft auswies, die die Vormacht des bürgerlichen Lagers, das die Heimwehr zunehmend als ihren Schutzschild gegen die „Roten“ in Kauf zu nehmen bereit war, ins Wanken brachte.

Die Überraschung war insofern verständlich, als die NSDAP bei den Nationalratswahlen 1930 mit 3 Prozent der Stimmen nicht einmal ein Mandat im Parlament erlangt hatte. (Lediglich in Kärnten kamen 1930 zwei Nationalsozialisten in den Landtag). Der Aufstieg der Hitlerpartei bei den im September 1930 abgehaltenen Wahlen in der Weimarer Republik schien jedenfalls vorerst wenig Wirkung auf die österreichische Nazipartei zu haben. Man übersah, dass sich das politische Klima in Deutschland binnen zwei Jahren infolge der Weltwirtschaftskrise so sehr gewandelt hatte, dass Hitler dort gegenüber 12 Abgeordneten (1928) deren Zahl im Jahr 1930 auf 107 fast verzehnfachen konnte.

Die österreichische Nationalsozialistische Deutsche Arbeiterpartei (NSDAP) war eigentlich eine autochthone, noch im Habsburgerreich (und zwar in Aussig in Nordböhmen) gegründete Partei. Ihr in der Republik verbliebener Flügel erreichte bei den Wahlen 1919 lächerliche 23.431 Stimmen. Anfang der 1920er Jahre kam Hitler mehrmals zu Vorträgen in seine Heimat, und die Österreicher machten das Hakenkreuz als Zeichen der Verbundenheit mit der 1919 in München gegründeten deutschen Nazipartei zu ihrem Symbol. Ihre ers-

Das Uniformverbot der Regierung verspottete die (noch legale) SA damit, dass sie ohne Hemd marschierte.

ten „Ruhmestaten“ 1923 waren Morde an sozialdemokratischen Arbeitern, Karl Still in Favoriten und Franz Kovarik in Spillern (NÖ). Jahre hindurch war die radikale Kleinpartei ein zerstrittener Haufen, es kam zu mehrmaligen Spaltungen. 1926 wurde die Partei neu gegründet und völlig der deutschen NSDAP unterstellt; jedes Bundesland bekam einen „Gauleiter“, und die Wehrformationen SA und SS wurden aufgebaut. 1931 bekam die Partei mit Theo Habicht einen deutschen „Landesgeschäftsführer“ (seit 1932 „Generalinspekteur“) übergeordnet. Immer häufiger kamen nun prominente Nazipolitiker aus Deutschland nach Österreich, um auch hier durch propagandistisch geschickt vorbereitete Massenversammlungen der „Bewegung“ Auftrieb zu verleihen.

Am 24. April 1932 fanden in Wien, Niederösterreich und Salzburg Landtagswahlen statt. Außerdem wurden in der Steiermark und in Kärnten – ausgenommen die Landeshauptstädte Graz und Klagenfurt – Gemeinderatswahlen abgehalten. An den Ergebnissen ließ sich ablesen, dass sich die politische Situation in Österreich in knapp zwei Jahren grundlegend gewandelt hatte. Die Nationalsozialisten konnten fast überall beträchtliche Gewinne einfahren. Die Großdeutsche Partei, eine rechtsliberale Honoratioren-, Beamten- und Lehrerpartei, wurde von den Nazis fast aufgesogen. Die Christlichsoziale Partei erlitt, besonders in Wien und Salzburg, beträchtliche Verluste.

Die Wiener Christlichsozialen hatten sich all die Jahre der Ersten Republik hindurch vergeblich bemüht, die absolute Mehrheit der Sozialdemokraten in Wien, die es ermöglichte, gewissermaßen den Sozialismus in einer Stadt als Gegenmodell zum bürgerlich geführten Österreich aufzubauen, zu brechen. Die Agitation der christlichsozialen „Reichspost“ gibt eine Vorstellung, mit welcher Erbitterung dieser Kampf geführt wurde. Wien war für das bürgerliche Lager das große Ärgernis, weil „hier seit dreizehn Jahren ein System regiert, das eine Fremdherrschaft darstellt, das gewalttätig, lebensfremd, unduldsam,

Noch vor dem Machtantritt Hitlers schickte er Joseph Goebbels (neben ihm Wiens Gauleiter Frauenfeld) als Nazi-Wahlhelfer in Wiens Engelmann-Arena.

überheblich ist und kultur- und wirtschaftszerstörend wirkt." Dabei waren die Wiener Christlichsozialen in ihrer grundsätzlichen Einstellung insofern gespalten, als die radikal antimarxistische Gruppierung mit Seipel als geistigem Vater einen autoritären Kurs anstrebte, während die demokratische um Leopold Kunschak auf christliche Sozialpolitik setzte, sich aber auch unsagbare antisemitische Ausfälle leistete. Möglicherweise neigte Kunschak zunächst auch deshalb anfangs zu einer Verharmlosung der Nationalsozialisten, indem er den Zulauf besonders vieler junger Menschen als „Recht der Jugend auf einen gewissen Radikalismus" verstehen wollte.

Das Wahlergebnis in Wien wurde zum Schock für die Christlichsozialen. Obwohl der ihnen nahe stehende Heimatschutz gar nicht zur Wahl angetreten war, sank ihr Wähleranteil (gegenüber der Parlamentswahl) von 23,7 auf 20,2 Prozent. Die Nazis aber durften über einen Erdrutschsieg jubeln: Sie erreichten 17,4 (gegenüber 2,3 Prozent) und zogen auf Anhieb mit 15 Abgeordneten in den Gemeinderat ein. Die Christlichsozialen waren mit 19 Mandaten nur wenig stärker als die Nationalsozialisten, sie hatten 14 Abgeordnete verloren. Die Sozialdemokraten hatten ihre überragende Mehrheit mit 59 Prozent (66 Mandate) behauptet. In den Arbeiterbezirken war der Anteil der Nazis merkbar geringer als in den bürgerlichen Innenbezirken.

Bei den Landtagswahlen im agrarisch betonten Niederösterreich fiel der Zuwachs der Nationalsozialisten nicht so deutlich aus: Sie erreichten nur 14,1 Prozent, mit dem größten Erfolg im Wahlkreis Krems (22,6 Prozent). Die Christlichsozialen verzeichneten dank der Heimwehr sogar einen leichten Gewinn auf 46,3 Prozent, die Sozialdemokraten mussten mit 34,8 Prozent auf ein Prozent verzichten. In Salzburg stieg die Nazipartei von 3,75 auf 20,8 Prozent, die beiden Großparteien mussten Verluste um 4 Prozent hinnehmen. Den geringsten Erfolg hatten die Nazis am 18. März in Vorarlberg: dort erreichten sie nur 10,5 Prozent, weil sich die Großdeutschen, wenn auch verlustreich, behaupten konnten, die Christlichen blieben mit 56,7 Prozent unangefochtene Sieger.

Bei den Gemeinderatswahlen in Kärnten wurde die NSDAP nach den Sozialdemokraten und der (vom Landbund und anderen Gruppierungen gestellten Wirtschaftsliste) drittstärkste Kraft, ebenfalls – allerdings nur mit 8,4 Prozent – in den steirischen Gemeinden. Einmal noch fand – bereits nach der Machtergreifung Hitlers in Deutschland – am 23. April 1933 eine demokratische Wahl statt, und zwar eine Gemeinderats-Ergänzungswahl in Innsbruck: Dabei erreichte die NSDAP nach einem exzessiv geführten Wahlkampf 41,2 Prozent der rund 36.000 gültigen Stimmen. Dieser dramatische Anstieg der Nazistimmen gab letztlich den Ausschlag dafür, dass die Regierung Dollfuß alle weiteren Wahlgänge auf einen unbestimmten späteren Zeitpunkt verschob.

Dollfuss oder der Fingerzeig Gottes

Am 2. April 1933, knapp ein Monat nachdem sich der österreichische Nationalrat durch eine Kurzschlusshandlung seiner drei Präsidenten lahm gelegt hatte, sprach Bundeskanzler Engelbert Dollfuß vor einer Bauernversammlung in Villach. Als er bei der Darstellung dieser Tragikomödie sagte, „so hat sich Österreichs Parlament selbst vernichtet, und niemand kann sagen, wann es seine zweifelhafte Tätigkeit wieder wird aufnehmen dürfen", brauste begeisterter Beifall auf. „In diesem Augenblick spürte ich den Finger Gottes", bekannte Dollfuß.

Der göttliche Fingerzeig kam allerdings insofern mit einiger Verspätung, als der Kanzler bereits am 15. März die Wiedereinberufung des Nationalrats mit Polizeieinsatz hatte verhindern lassen. Und schon in den Monaten zuvor hatte Engelbert Dollfuß zu erkennen gegeben, dass er bereit war, den Weg einzuschlagen, den die Stütze seiner Regierung, die Heimwehr, vorgegeben hatte. Schon mit dem Korneuburger Eid von 1930 hatten sich die Heimwehrführer offen zur Abschaffung der parlamentarischen Demokratie und zu einem „Austrofaschismus" nach italienischem Vorbild bekannt.

Der aus kleinbäuerlichen Verhältnissen stammende, 1892 geborene Engelbert Dollfuß war die große Hoffnung der Christlichsozialen Partei, nachdem diese ihren langjährigen Regierungspartner, die Großdeutschen, verloren hatte und Bundeskanzler Karl Buresch mangels einer Mehrheit im Parla-

Stacheldrahtverhaue und Maschinengewehrstellungen auf dem Ring: So verhinderte Dollfuß am 1. Mai 1933 die traditionelle sozialdemokratische Maifeier.

ment aufgeben musste. Dollfuß, als tief gläubiger Katholik, der durch die Schule seines großen Vorgängers, des Prälaten-Kanzlers Ignaz Seipel, gegangen war, sah in Politik und Ideologie der Sozialdemokratie zweifellos das genaue Gegenteil seiner Ideale von einem Gemeinwesen, die zwischen augustinischem „Gottesstaat" und Mussolini-Diktatur irrlichterten. Die Parlamentswahlen von 1930 hatten den Christlichsozialen Verluste gebracht und die Sozialdemokratie zur stärksten Partei gemacht. Und der Trend bei den Regionalwahlen des Jahres 1932 zeigte, dass die bis dahin kleine NSDAP die Großdeutsche Volkspartei nicht nur beerbte, sondern auch mit wachsendem Zulauf vor allem aus dem konservativen Wählerpotenzial rechnen konnte.

Bei seiner Berufung zum Bundeskanzler im Mai 1932 misslang Dollfuß der Versuch, eine bürgerliche Einheitsfront gegen die „Roten" zu bilden, weil die angeschlagenen und zum Teil schon in der Nazipartei aufgehenden Großdeutschen nicht mehr mitmachten. So musste er sich im Nationalrat durch Einbindung des liberal-nationalen Landbundes und der Heimwehr mit der prekären Mehrheit von einer Stimme bescheiden. Die Heimwehrführer bildeten die Speerspitze im Kampf gegen die Sozialdemokratie und hetzten gegen sie in hasserfüllten Reden, so der „Fürst" Ernst Rüdiger Starhemberg, der den Kopf des „Asiaten Hugo Breitner" (des Wiener Finanzstadtrats) „in den Sand rollen" sehen wollte. Aber auch die Nazis kamen, insbesondere nach Hitlers „Machtergreifung" im Januar 1933, als Bündnispartner für Dollfuß nicht mehr in Betracht. Er sah sich in einem Zweifrontenkampf, den er angesichts der Stimmung im Land nur durch Ausschaltung der Demokratie glaubte gewinnen zu können.

Der Bundeskanzler fand in seinem Sektionschef Robert Hecht einen Berater, der ihm das legistische Instrumentarium für den autoritären Kurs verschaffte. Es wurde zunächst an einem scheinbar unpolitischen Fall durchexerziert. Im Zuge der Sanierung der mühevoll vor dem Zusammenbruch geretteten Creditanstalt wurde im Herbst 1932 das Kriegswirtschaftliche Ermächtigungsgesetz vom Jahr 1917 zur Haftbarmachung verantwortlicher Personen herangezogen. Dieses Gesetz war schon deshalb eigentlich ungeeignet für die Republik, weil diese sich nicht, wie das Gesetz vorsieht, „aus Anlass der durch den Kriegszustand verursachten außerordentlichen Verhältnisse“ auf einen Krieg berufen konnte, durch den wirtschaftliche Schäden drohten. Der sozialdemokratische Parteivorstand, obwohl in der Sache einverstanden, protestierte gegen dieses das Parlament ausschaltende verfassungswidrige Vorgehen und hielt ahnungsvoll fest: „Der Parteivorstand macht insbesondere die Arbeiterklasse darauf aufmerksam, welche Gefahren sich in dem Vorstoß der Regierung bergen ... Dann könnte sie ebenso gut durch Notverordnungen das ganze Arbeiterrecht, die Arbeiter- und Angestelltenversicherung, den Mieterschutz demolieren ...“

Dollfuß konterte: „Die Tatsache, dass es der Regierung möglich ist, selbst ohne vorherige endlose parlamentarische Kämpfe sofort gewisse dringliche Maßnahmen in die Tat umzusetzen, wird zur Gesundung unserer Demokratie wesentlich beitragen.“ Und Hecht machte deutlich: „Die im Kriegswirtschaftlichen Ermächtigungsgesetz erteilten Vollmachten kennen inhaltlich keine Ausnahmen, sind zeitlich unbeschränkt, von der Mitwirkung eines parlamentarischen Ausschusses unabhängig.“ Worauf die „Arbeiter-Zeitung“ von einem „zynischen Kommentar des Herrn Dr. Hecht, des bekannten Hausjuden der Antisemiten“ sprach, der der Regierung eine Anleitung zur Umgehung der Verfassung gegeben habe. Wie sich sehr bald zeigen sollte, bot dies Dollfuß unter dem Schein des Rechts die Möglichkeit, nach der so genannten „Selbstausschaltung des Parlaments“ (eine Geschäftsordnungspanne, die jederzeit behebbar gewesen wäre) voll auf autoritären Kurs zu gehen. Die „Gesundung der Demokratie“ verwandelte sich flugs in die Diktatur. (Die Ausfälle der „Arbeiter-Zeitung“ entsprachen durchaus der damals üblichen gehässigen politischen Diktion in allen Lagern. Robert Hecht war übrigens schon Jahre zuvor evangelisch getauft, dann katholisch geworden. 1938 ins KZ Dachau eingeliefert, beging er dort, von den SS-Schergen gequält, Selbstmord.)

Nicht nur die Straße, wo Heimwehr, SA und Republikanischer Schutzbund einander blutig bekämpften, sondern auch das Parlament war im Herbst 1932 zum Schauplatz gewalttätiger Tumulte geworden. Dabei saßen dort noch gar keine Nazis. Im Oktober 1932 kam es im Nationalrat wiederholt zu Sturmszenen, als Wiens Bürgermeister Karl Seitz den Antrag auf Abhaltung von Neuwahlen am 27. November stellte. Das hätte den Christlichsozialen den sicheren Verlust der Mehrheit gebracht – für sie, die Österreich seit zwölf Jahren regierten, ein unerträglicher Gedanke. Als dazu der sozialdemokratische Spitzenpolitiker Otto Bauer das Wort ergriff, tobten Christlichsoziale und Heimwehrler: „Kusch! Jud! Saujud!" In einer direkten Konfrontation zwischen Bauer und Dollfuß, in der jener den Kanzler ständigen Gesinnungswechsels bezichtigte und dieser Bauer einen Bolschewiken nannte, der nicht die Demokratie, sondern die Diktatur des Proletariats wolle, kam es zu Raufereien, die Nationalratspräsident Renner nur mit Mühe durch Unterbrechung der Sitzung beenden konnte. Zwischen den Parteien hatte sich blanker Hass aufgetan.

Das Jahr 1933 begann mit der für die österreichische Regierung äußerst peinlichen Hirtenberger Waffenschiebung. Starhemberg, seit mehreren Jahren in engem Kontakt mit Mussolini, hatte von diesem Waffen für seine Heimwehr verlangt. Aus Italien wurden als „Altmaterial" deklarierte Weltkriegswaffen in die Hirtenberger Patronenfabrik Mandl geliefert, um von dort in das befreundete Ungarn gebracht zu werden; ein Teil sollte für die Heimwehr abgezweigt werden. Das dunkle Geschäft flog auf, London und Paris protestierten, nach einem französischen Ultimatum musste Österreich das „Altmaterial" zurückschicken, wobei einige Waggons „verschwanden".

Karikatur der Woche

Bundeskanzler Dr. Dollfuß

War den Österreichern noch zum Lachen zumute?
Kanzler Dollfuß, oft als „Millimetternich" verspottet,
sperrt das Parlament und den Verfassungsgerichtshof.

Nach einem Proteststreik der Eisenbahner gegen Lohnkürzungen Anfang März begann die Regierung, Streikende zu maßregeln. In der Nationalratssitzung vom 4. März ging der sozialdemokratische Antrag, diese Verfolgungen einzustellen, mit einer Stimme Mehrheit durch. Aus Versehen aber hatte ein Abgeordneter bei der namentlichen Abstimmung den Zettel seines Nachbarn verwendet. In dem ausbrechenden Tumult legte Nationalratspräsident Renner seine Funktion nieder, der christlichsoziale und der großdeutsche Vizepräsident folgten seinem Beispiel – nicht zuletzt, um bei den knappen Mehrheitsverhältnissen ihren Parteien ihre Stimmen zu sichern. Das Parlament hatte sich selbst lahm gelegt und Dollfuß verhinderte mit Polizeigewalt dessen Wiedereinberufung. Die Anrufung des Verfassungsgerichtshofes wurde dadurch unmöglich gemacht, dass vier christlichsoziale Mitglieder ihren Rücktritt erklärten und die Regierung mit dem Ermächtigungsgesetz anordnete, dass ein Verfahren nur bei Teilnahme sämtlicher Mitglieder des VfGH erlaubt sei. Und die Ausschreibung von Wahlen wurde mit der famosen Begründung verboten, dass damit Schädigungen des Fremdenverkehrs zu befürchten seien. So nutzte Dollfuß die Gunst der Stunde: Er hatte erreicht, voll auf autoritären Kurs gehen zu können, ohne offene Gewalt anwenden zu müssen.

Die Nazis werden „Illegale“

Sofort nach den Regionalwahlen des 24. April 1932 hatten die Sozialdemokraten Neuwahlen für den Nationalrat verlangt, war es doch offenkundig, dass die Zusammensetzung des Parlaments nicht mehr dem Willen des Volkes entsprach. Verständlicherweise agitierten auch die Nationalsozialisten intensiv für Neuwahlen, hatten sie sich doch nach den frustrierenden Jahren einer Kleinpartei durch „Volkes Stimme“ zur Massenbewegung gemausert. Bundeskanzler Karl Buresch mit seiner Minderheitsregierung trat zurück. Die Christlichsozialen zeigten keine Bereitschaft, sich von der Macht im Staate, die sie seit mehr als einem Jahrzehnt innehatten, verdrängen zu lassen. Als noch im öffentlichen Leben unverbrauchter Kompromisskandidat wurde Engelbert Dollfuß Kanzler. Durch die Absage der Großdeutschen mussten er befürchten, im Parlament keine Mehrheit zu bekommen. Er löste das Problem durch die Hereinnahme der faschistischen Heimwehr, in der schon Seipel einen Rettungsanker gesehen hatte, in die Regierung. Damit war der erste Schritt auf dem autoritären Weg getan.

Die Sozialdemokraten waren kompromisslos für Neuwahlen, sie wurden deshalb auch gar nicht mehr für eine Koalition ins Auge gefasst, die sie ohnedies abgelehnt hätten. Mit ihrer Neuwahlforderung hatten sie die Ansichten des überzeugten Demokraten und Schöpfers der Verfassung der Republik, Hans Kelsen, hinter sich, der ebenfalls 1932 festhielt: „Eine Demokratie, die sich gegen den Willen der Mehrheit zu behaupten, gar mit Gewalt sich zu behaupten versucht, hat aufgehört Demokratie zu sein. Eine Volksherrschaft kann nicht gegen das Volk bestehen bleiben." Und der sozialdemokratische Parteiobmann und Wiener Bürgermeister Karl Seitz sagte: „Dass sich bei den letzten Gemeinde- und Landtagswahlen eine neue Partei gebildet hat, die in sehr robusten Formen nach Geltung ringt, kann natürlich für unseren Beschluss nicht bestimmend sein." Von solchen theoretischen Erwägungen, die freilich heute angesichts der wahren Ziele der Nazis naiv erscheinen, abgesehen, lag klar auf der Hand: Den Sozialdemokraten boten Neuwahlen die Chance, als stärkste Partei endlich die führende Kraft in Österreich zu werden. Und genau das wollten die an der Macht befindlichen Christlichsozialen verhindern und nahmen daher das Bündnis mit der faschistischen Heimwehr in Kauf, deren politische Absage an das parlamentarische System sich durchaus mit dem der Nazis vergleichen ließ.

Die neu gewählten NS-Abgeordneten erschienen in ihren braunen Uniformen zur Konstituierung im Wiener Rathaus und sorgten sogleich für Tumulte. Dem Landtagspräsidenten Robert Danneberg schnitten sie mit Rufen „Ho ruck nach Palästina" das Wort ab (allerdings war das im politischen Leben der Ersten Republik keine Neuerung, auch Heimwehr und Christlichsoziale ließen sich im Parlament zu antisemitischen Schmähungen hinreißen). Auf der Straße verfolgten die Nazis das schon von der Heimwehr geübte Rezept, in den Arbeiterbezirken Zusammenstöße zu provozieren. Der schlimmste davon ereignete sich am 16. Oktober 1932 in Simmering, als ein Naziaufmarsch von der polizeilich vorgeschriebenen Route abwich und das Arbeiterheim anzugreifen drohte. Bei den gewalttätigen Auseinandersetzungen wurden zwei SA-Männer und ein sozialdemokratischer Polizist erschossen. Bei der anschließenden Hausdurchsuchung verwüstete die Polizei das sozialdemokratische Parteiheim. Die Nazis aber sollten bald zeigen, dass sie auch vor offenem Terror nicht zurückscheuten.

Nach dem Verbot der NSDAP sperrten Polizei und Heimwehr schlagartig die Lokale der Nazipartei.

Für viele alte Deutschnationale, deren erste Sehnsucht die Schaffung eines Großdeutschland war, brauchte es nicht allzu viel Überzeugungskraft, ins Lager dieser neuen Bewegung zu ziehen. Oft aus dem gleichen Umfeld kamen viele Akademiker, die in den schlagenden Verbindungen der Deutschtümelei huldigten und die sich durch den Rasse-Antisemitismus der Nazis in ihrem Konkurrenzneid gegen die beträchtliche Zahl der jüdischen Ärzte, Anwälte und anderer Freiberufe bestätigt sahen. Während die sozialdemokratisch gesinnte Industriearbeiterschaft eher immun gegen die Versprechungen der Nazis war, sahen viele junge Arbeitslose und Studenten ohne Berufsaussichten hier eine Hoffnung für eine positive Wende ihrer Lebenssituation. Die Universitäten wurden zum Schauplatz wüster Schlägereien und Attacken auf jüdische Studenten.

Die zumeist von der SA provozierten Zusammenstöße mit Schutzbund oder Heimwehr führten dazu, dass die Regierung 1932 ein Uniformverbot erließ. Die Nazis machten sich darüber lustig, indem sie nun hemdenlos durch die Straßen marschierten; einer der Beiträge, die darauf abzielten, die Regierungsautorität zu beschädigen und gleichzeitig Aufsehen zu erregen.

Noch aber versuchten die Nazis in erster Linie, durch Massenversammlungen und Propagandaaufmärsche sich den Menschen als die große Kraft, die in eine bessere Zukunft führen würde, zu präsentieren. Die nationalsozialistische Führung in Deutschland, die sich infolge der Agonie des Regierungssystems der Weimarer Republik und in rasch aufeinander folgenden Wahlen ihrem Ziel der Erringung der Macht immer näher sah, entdeckte nun auch Österreich als Agitationsfeld. Spitzenpolitiker wie Goebbels, Göring, Himmler und der Noch-SA-Chef Röhm lockten in Hallen und auf Plätzen Tausende Zuhörer an. Die Agitation mit dem Versprechen von „Freiheit und Brot“ und mit hasserfülltem Antisemitismus begann Früchte zu tragen: Schon genierten sich Restaurants und auch Urlaubsorte nicht, Juden als unerwünschte Gäste abzuweisen.

Jüdische Studenten flüchten vor ihren gewalttätigen Nazi-„Kollegen" über die Fenster aus dem Anatomischen Institut.

Nachdem Hitler 1933 zum Reichskanzler bestellt worden war und zunächst die Kommunisten, dann überhaupt alle anderen Parteien ausschaltete, drängten die österreichischen Nazis immer heftiger auf Neuwahlen, weil auch sie sich erhofften, das Parlament zu erobern – um es zu zerstören. Nicht als Hüter der parlamentarischen Demokratie, die Dollfuß ja mit seinen Heimwehr-Regierungspartnern mit Polizeigewalt beendete, sondern für den Machterhalt seiner Partei und überzeugt von seiner Berufung zur Schaffung einer ständisch-katholischen, autoritären Staatsform, ging der österreichische Kanzler Schritt für Schritt weiter in der Unterdrückung oppositioneller politischer Konkurrenz. Und während die sozialdemokratische Führung in der Defensive verharrte, auch als am 31. März 1933 der Schutzbund für aufgelöst erklärt wurde (was entschlossene Sozialisten nicht hinderte, Waffenverstecke anzulegen), wurden die Nazis immer aggressiver.

Am 13. Mai 1933 kam es zum Eklat, als Hitlers Reichsjustizkommissar Hans Frank (als späterer Reichskommissar für das Generalgouvernement Polen 1946 hingerichtet) auf Einladung der Nazipartei in Aspern landete und Wiens Polizeipräsident Skubl ihm mitteilte, dass sein Besuch unerwünscht sei. Frank ignorierte das, wurde von seinen jubelnden Parteigenossen in die Stadt gebracht und sprach dort in der Hernalser Engelmann-Arena, danach in Graz vor Tausenden Zuhörern. Als er die Nationalsozialisten zum Widerstand gegen die Regierung aufrief, wurde er des Landes verwiesen. Hitler reagierte mit großer Härte: Er verfügte, dass jeder Reichsdeutsche, der Österreich besuchen wollte, eine Gebühr von 1000 Mark erlegen musste. Damit wurde der österreichische Fremdenverkehr ins Mark getroffen.

Nun begannen die österreichischen Nazis einen Terrorkrieg gegen die Regierung und alle politischen Gegner. Nicht nur Böller wurden zur Explosion gebracht und Telefonhäuschen gesprengt, nicht nur die Saal- und Straßenschlachten gegen Heimwehr, Christlichsoziale und Schutzbündler wurden immer härter. Am 11. Juni misslang ein Mordanschlag auf den Tiroler Heimwehrführer Richard Steidle, am nächsten Tag wurden der jüdische Juwelier Futterweit und ein Passant in Meidling durch einen Bombenanschlag ermordet, und am 19. Juni 1933 wurde bei Krems ein Lastauto mit christlich-deutschen Turnern (zum Unterschied vom bereits naziverseuchten Deutschen Turnverein eine den Christlichsozialen nahe stehende Sportorganisation) mit Handgranaten angegriffen. Es gab etliche Verletzte und ein Todesopfer. Daraufhin verfügte die Regierung Dollfuß ein Verbot der NSDAP und ihrer Gliederungen sowie des von der Heimwehr abgespaltenen Steirischen Heimatschutzes. Schlagartig wurden die Parteilokale von der Polizei geschlossen, sämtliche Abgeordnete in Landtagen und Gemeinden verloren ihre Mandate. Es kam zu zahlreichen Verhaftungen, viele Nationalsozialisten flohen über die Grenze, in München wurden geflüchtete SA-Leute in einer „Österreichischen Legion" militärisch ausgebildet.

Viele der im Land gebliebenen, in die Illegalität gedrängten Nazis setzten den Kampf gegen die Regierung fort – angefangen von der Verteilung von Flugzetteln, dem Streuen von Hakenkreuzen oder Propagandamünzen aus Aluminium, „Hitlerschillinge" genannt, den Geldsammlungen bei Gesinnungsgenossen, dem Hissen von Hakenkreuzfahnen auf Kirchtürmen oder Heil-Hitler-Inschriften auf Mauern (die von prominenten Nazis unter Polizeiaufsicht abgewaschen werden mussten) bis hin zu neuen Terrorakten. Die Polizei wurde in einem ständigen Katz-und-Maus-Spiel mit den „Illegalen" in Atem gehalten. Nur in der Zeit des Schutzbundaufstands hielten die Nazis still, sei es, weil sie dem „System" die Dreckarbeit überlassen wollten, die Roten fertig zu machen, sei es, weil sie hernach verbitterte Schutzbündler für sich werben wollten (was auch gelegentlich, speziell in der Steiermark, gelang). Die illegale SS, zusammen mit dem deutschen „Generalsinspekteur" Theo Habicht, arbeitete aber bereits an einem Plan, die verhasste Regierung Dollfuß zu stürzen.

Der Schandfleck Wöllersdorf

Nach der Ausschaltung des Parlaments und dem Verbot von Schutzbund, KPÖ und NSDAP im Frühsommer 1933 füllten sich die österreichischen Gefängnisse mit „Verwaltungsstrafgefangenen", denen politische Delikte oder Waffenbesitz zur Last gelegt worden waren. Der Tiroler Sicherheitsdirektor und Heimwehrführer Richard Steidle forderte deshalb von Sicherheitsminister Emil Fey die Errichtung von Anhaltelagern, weil der Platz im Innsbrucker Gefängnis für die verhafteten Nationalsozialisten nicht mehr ausreichte. Auch für die Bewachung der Lagerinsassen hatte er gleich einen Vorschlag: Man könne sie Schutzkorpsleuten unter Leitung eines Gendarmeriebeamten überlassen.

Fey griff den Vorschlag seines Heimwehrfreundes sofort auf und trug dem Ministerrat am 1. September 1933 – in Abwesenheit von Bundeskanzler Dollfuß – eine Verordnung „betreffend die Internierung oder Konfinierung sicherheitsgefährlicher Personen" vor. Das führte zu einer veritablen Kabinettskrise, denn die Minister des Koalitionspartners Landbund mit Vizekanzler Franz Winkler an der Spitze lehnten den Entwurf ab. Hingegen waren Staatssekretär Neustädter-Stürmer von der Heimwehr – von ihm kam die Äußerung „Wir müssen Hitler überhitlern" – und die Christlichsozialen Schuschnigg und Buresch sofort dafür. Die Beschlussfassung wurde mangels Einigung vertagt, doch Fey wies bereits die Sicherheitsdirektoren an, geeignete Baulichkeiten als „Notarreste" einzurichten.

In Wöllersdorf hinter Stacheldraht – kein Hitler-KZ, dennoch bitter für die Betroffenen.

In einem weiteren Ministerrat am 6. September wurde der Antrag von Vizekanzler Winkler, die Entscheidung auf die Zeit nach dem Katholikentag zu vertagen, abgeschmettert. Daraufhin erklärte Winkler, er stehe auf dem Standpunkt, „dass Österreich nicht die im Deutschen Reich angewendeten Methoden nachahmen, sondern ein Land der Zivilisation bleiben sollte“ (Hitler hatte damals bereits die ersten Konzentrationslager errichtet). Außerdem erwähnte er Gerüchte über einen bevorstehenden Heimwehrputsch; die Heimwehr wolle offenbar schon die Internierung aller ihrer Gegner vorbereiten. Fey wehrte solche Verdächtigungen ab und sagte, es gehe vor allem darum, einen neuen Putschversuch der Nazis zu verhindern. Er wurde von Dollfuß unterstützt, der betonte, dass Fey sein volles Vertrauen besitze.

Der Konflikt konnte nicht überwunden werden. Die Landbündler verließen die Regierung, Dollfuß bildete diese um, wobei er selbst gleich vier Ressorts übernahm und Fey zum Vizekanzler ernannte. Da er das Parlament ausgeschaltet hatte, brauchte er die Stimmen des Landbundes zur Mehrheitsfindung nicht mehr. Die erste Maßnahme des neuen Kabinetts war die Verordnung über die Errichtung von Anhaltelagern. Nun bestand die Möglichkeit, „Personen, die im begründeten Verdachte stehen, staatsfeindliche oder sonstige die öffentliche Sicherheit gefährdende Handlungen zu begehen oder vorzubereiten“ oder diese „zu begünstigen, zu fördern oder dazu zu ermutigen“ ohne Einleitung eines verwaltungsrechtlichen oder strafgerichtlichen Verfahrens in einem Anhaltelager zu inhaftieren. Die Anhaltung konnte auf bestimmte oder unbestimmte Zeit verhängt werden.

Das erste und größte Anhaltelager wurde auf dem Gelände der ehemaligen k. u. k. Munitionsfabrik im niederösterreichischen Wöllersdorf errichtet; weitere kleinere Lager folgten, so in Kaisersteinbruch (Burgenland), Graz-Messendorf und Nauders (Tirol). Am 17. Oktober 1933 bezogen die ersten Häftlinge diese für Österreich neue „Einrichtung“ in Wöllersdorf.

Es waren neun Nazis, unter ihnen eine Frau, und ein Kommunist (später kamen Frauen nicht mehr in die Lager). Am 1. Februar waren bereits 173 Personen in Wöllersdorf interniert.

Die „große Zeit" von Wöllersdorf begann nach den Ereignissen des 12. Februar 1934. Hunderte Schutzbündler und sozialdemokratische Funktionäre füllten das um etliche Baracken erweiterte Lager. Am 1. Mai 1934 befanden sich bereits 831 politische Gefangene innerhalb des Stacheldrahtes – 508 Sozialdemokraten und Kommunisten sowie 323 Nationalsozialisten. Nach dem Nazi-Juliputsch füllte sich das Anhaltelager mit Tausenden Neuankömmlingen – im Oktober 1934 war mit 5302 Männern der Höchststand erreicht. Der Name des unschuldigen Orts, Wöllersdorf, wurde bei den illegalen Oppositionellen von Links und Rechts zu einem Inbegriff für die Willkürherrschaft des Austrofaschismus, oder, wie die Nazis sagten, des „Systems". Zugleich aber erlaubte die massenhafte Gefangenschaft rege Konspiration, auch innerhalb des nachts mit Scheinwerfern beleuchteten Stacheldrahts. Gelegentlich gelang einzelnen Inhaftierten – so den Kommunisten Friedl Fürnberg und Franz Honner – mit der Hilfe von Parteifreunden „draußen" die Flucht; die beiden erreichten Moskau.

Die anfängliche Leitung des Lagers war der Heimwehr zu lasch. Daraufhin festigte der Gendarmerie-Generalmajor Emanuel Baron von Stillfried und Rathenitz mit einem militärischstraffen Regiment die seiner Meinung nach gelockerte Disziplin und ließ dabei gelegentlich auch die Gummiknüppel sprechen. Für die Bewachung wurden neben der Gendarmerie anfänglich Mitglieder des „Schutzkorps" (Heimwehr und Sturmscharen) eingesetzt, das führte zu Beschwerden über Schikanen, so dass jene schließlich vom Bundesheer abgelöst wurden. Für die zahlreichen Erkrankten wurde eine „Marodenabteilung" eingerichtet. Die Rattenplage wurde von der Lagerleitung mit wenig Erfolg bekämpft. Auch waren die Baracken verwanzt, doch sorgte die medizinische Betreuung dafür, dass keine Seuchen ausbrachen. Es gab einen Speiseplan mit drei Mahlzeiten am Tag, die nach Klagen von Ärzten als ausreichend und gesund befunden wurden. Den Angehaltenen sollte pro Tag ein Pauschalbetrag von 6 Schilling (nach der Kaufkraft von heute etwa 9 Euro) abgezogen werden, was bei den zahlreichen Arbeitslosen eher illusorisch war; von Beziehern von Renten wurden die Zahlungen zur Gänze einbehalten.

Nach einer Amnestie im Jahre 1936 verringerte sich die Zahl der Angehaltenen auf rund 500. Wer entlassen wurde, musste „aus freien Stücken" eine Loyalitätserklärung unterschreiben, in der er sich verpflichtete, sich staatsfeindlicher Betätigung und der Förderung der jeweiligen Partei, der er zugeordnet wurde, zu enthalten; er unterlag der ständigen Meldepflicht bei der Polizei. Nach der Unterredung von Bundeskanzler Schuschnigg mit Hitler im Februar 1938 wurde das Lager aufgelöst.

Im März 1938 wurden die Baracken vorübergehend von der SS für die Inhaftierung von VF-Funktionären und Linken verwendet. Dann verbrannten die Nazis unter Propagandaaufwand die Hauptbaracke und gaben Wöllersdorf den Beinamen „Trutzdorf". Das gesamte Gelände wurde von der Luftwaffe übernommen. Die österreichischen Gefangenen der SS kamen nach Dachau, und wenige Monate später wurde das Konzentrationslager Mauthausen errichtet. Mit dem Grauen von Hitlers KZs lässt sich Wöllersdorf, so sehr die Anhaltelager in Österreich eine Neuerung und für die dort Eingewiesenen, die oft unversorgte Familien hinterließen, bitter waren, nicht vergleichen. Aber es bleibt einer der Schandflecken des Dollfuß-Schuschnigg-Regimes.

Die Vaterländische Front

Karl Renner erzählte in der „Ständestaat“-Zeit gern seinen Lieblingswitz: Ein Führer der Vaterländischen Front erscheint in einer Gemeinde und fragt, wie die Einwohnerschaft gesinnt sei, und erhält die Antwort: „Die Hälfte ist braun!“ – „Und die andere Hälfte?“ – „Rot!“ – „Und wer ist dann in der Vaterländischen Front?“ – „In der samma alle.“

Nach seinem Entschluss, den Parteienstaat endgültig zu beseitigen, suchte Dollfuß nach einer Art Staatspartei. Der Heimwehrführer Starhemberg, in engem Kontakt zu Mussolini, war dabei Pate gestanden: „Wir müssen den Österreichern zeigen, dass es eine österreichische Kraft gibt … Wir müssen dem nationalsozialistischen Terror einen noch ärgeren österreichischen Terror entgegensetzen“ (Starhemberg-Aufzeichnungen); offenbar ahnte selbst der faschistische „Fürst“ nicht, zu welchem Terror Hitler fähig sein würde. Schon nach der Ausschaltung des Parlaments, die de facto einem Staatsstreich gleichkam, begann Dollfuß von einer „österreichischen Front“ zu reden. Ihre Ideologie war rückwärtsgewandt: ein österreichischer Patriotismus, der die Republik verleugnete, mit feuchten Augen die Wiederkehr der Habsburger herbeisehnte und Österreich als Bollwerk des Katholizismus sowohl gegen den gottlosen Bolschewismus (dem man auch die Sozialdemokratie zuordnete) als auch gegen das protestantische „Preußentum“ betrachtete, das in der konkreten politischen Situation mit dem aus ganz anderen Quellen gespeisten Nationalsozialismus des Österreichers Adolf Hitler gleichgesetzt wurde. Als „zweiter deutscher Staat“ sollte Österreich der „bessere“ sein, offenbar auch mit einem „besseren“ Faschismus.

Am 14. Mai 1933 veranstaltete die Heimwehr in Wien – offizieller Anlass war die Erinnerung an die Türkenbelagerung von 1683 – einen großen Aufmarsch. Starhemberg hat in seinen Memoiren ungeniert zugegeben, dass er „die paar hunderttausend Schilling“, mit denen die „Fünf-Schilling-Mandln“ (wie man die Heimwehrler im Volksmund nannte) zu der Kundgebung bringen konnte, nicht hatte. Mussolini streckte ihm das Geld auf unbestimmte Zeit vor. Und so defilierten nun die Heimwehrmannen an ihrem Führer und dem Bundeskanzler vorbei und mochten diesem den Eindruck jener Kraft vermittelt haben, die ihm den Weg in die Diktatur sichern sollte.

Schon eine Woche nach dem Heimwehraufmarsch erschien im Regierungsorgan „Wiener Zeitung“ der erste Aufruf zum Beitritt in eine „Vaterländische Front“ (VF), die alle vereinigen sollte, „die bewusst und überzeugt österreichisch gesinnt sind“. Es sei Pflicht jedes aufrechten Österreichers, beizutreten. „Bundeskanzler Dollfuß hat sich an die Spitze der Vaterländischen Front gestellt. Er ist ihr Führer und Feldherr. Er trägt ihr die rot-weiß-rote Fahne voran in den Kampf, voran zum Sieg“, verkündete der Aufruf pathetisch.

Großspurig behauptete der Aufruf von Dollfuß, „in deinem Lager ist Österreich“, aber in Wirklichkeit fürchteten Christlichsoziale und Heimwehr nichts mehr als eine Probe dieses Spruchs aufs Exempel – nämlich Wahlen. Solche hätten infolge des Zustroms zu den Nationalsozialisten leicht ergeben können, dass nur eine Koalition mit den oder womöglich gar unter Führung der verhassten Sozialdemokraten Österreich hätte retten können – aber das war weder im Sinne des „Protektors“ in Rom noch seiner Schützlinge.

Die Vaterländische Front sollte auf Dollfuß’ Weisung nach dem Vorbild der NSDAP organisiert werden. Aber der „Fachmann“, Pankraz Kruckenhauser, der sie als erster VF-Bundesleiter aufbauen sollte, hielt mehr vom Schmied als vom

Auf dem Trabrennplatz verkündet Dollfuß am 11. 9. 1933
seine ständische Neuordnung
und enthüllt die Kruckenkreuz-Fahne.

Schmiedl: er entpuppte sich als Nazi. Etwas voreilig hatte Dollfuß am 22. Juli 1933 Mussolini stolz mitgeteilt: „Die Vaterländische Front wird auf dem Führerprinzip aufgebaut, Führer der Front bin ich selbst." Etwas bescheidener als in der Propagandasprache seines Aufrufs umriss er die angestrebte VF-Mitgliedschaft exakter: „Alle jene, die weder den braunen noch den roten Sozialismus wollen, sollen sich zusammenschließen zur österreichischen, Vaterländischen Front."

Deren Aufbau wurde im August dem Dollfuß-Sekretär Alois Kemptner übertragen; aber erst dessen Nachfolger, der steirische Politiker (und spätere Landeshauptmann) Karl Maria Stepan war der Mann, der die VF als straffe Organisation aufstellte. Dabei wurde von allem Anfang an mit Druckmitteln vorgegangen, was die VF bei weiten Teilen der Bevölkerung stigmatisierte: Die furchtbare Arbeitslosigkeit, die Angst auch der Beamten um Posten und Karriere wurden schamlos ausgenützt, wenn es galt, die Menschen zum Tragen des rot-weiß-roten VF-Bändchens zu veranlassen. So bezeichnete der Generaldirektor der Bundesbahnen Schöpfer den Beitritt zur VF als selbstverständliche Pflicht aller Bediensteten, und gemäß dem faschistischen „Führerprinzip", zu dem sich auch die VF bekannte, war der jeweilige Dienstvorstand auch VF-Führer. Eine Maßnahme, die zu stürmischen Protesten der Sozialdemokraten führte, aber – wie sich im Februar 1934 zeigen sollte, als die Eisenbahner keinen Streik wagten – ihre Wirkung nicht verfehlte. Bald drohte jedem der Abbau, der sich nicht fügte. Auch von der Privatwirtschaft wurde erwartet, dass, wer sich durch seine Ablehnung des Beitritts zur VF als „Staatsfeind" verdächtigte, eliminiert würde – vor der Tür warteten ohnedies zehn andere und wohl gefügigere auf den Arbeitsplatz.

Am 23. Januar 1934 wurde eine Verordnung erlassen, wonach Staatsaufträge nur noch an „vaterlandstreue Unternehmen" vergeben werden sollten. Minister Fey wurde als „Generalkommissar für außerordentliche Sicherheitsmaßnahmen zur

Der Kraftprotz Mussolini empfängt seinen Schützling Dollfuß am Strand von Riccione in der Badehose.

Bekämpfung staatsfeindlicher Bestrebungen in der Privatwirtschaft" deren Überwachung übertragen.

Der Katholikentag im September 1933 wurde von Dollfuß zu einem ersten Generalappell der VF auf dem Trabrennplatz benutzt. Dort verkündete er nicht nur seine Absicht, Österreich aus einer parlamentarischen Republik in einen „Ständestaat" gemäß den päpstlichen Vorstellungen umzuwandeln, sondern gab seiner Bewegung auch ein Symbol: das Kruckenkreuz, das sich als altes Kreuzfahrerzeichen (schon von Seipel auf die Zweigroschenstücke gepresst) dem „heidnischen Hakenkreuz" entgegenstellen sollte.

In der Christlichsozialen Partei, deren Obmann nicht Dollfuß, sondern der Kurzzeitkanzler Vaugoin war, gab es anfänglich noch Widerstände gegen die Überführung in die VF, doch spätestens mit Ausschaltung demokratisch gesinnter Landeshauptleute wurde der korporative Eintritt forciert. Weniger einfach war die Einverleibung der Heimwehr, zumal diese in dem von Kurt Schuschnigg gegründeten Wehrverband „Ostmärkische Sturmscharen" eine Konkurrenz sehen musste. Die nach einigem Zieren der Heimwehrführer durchgeführte Assoziierung des Heimatschutzes verstärkte die totalitären Tendenzen der VF.

Nach der Ermordung Dollfuß' durch die Nazi-Putschisten suchte man in einem Führungsdualismus einen Ausweg aus den Gegensätzen: Schuschnigg wurde Führer des Staates, Starhemberg Führer der VF. 1935 wurde das Kruckenkreuz zum Staatssymbol erhoben, zusammen mit dem Dollfuß-Lied „Ihr Jungen schließt die Reihen gut", das nun stets im Anschluss an die Bundeshymne „Sei gesegnet ohne Ende" Staats- und VF-Feiern beschloss. (Die Analogien zu Hakenkreuz und Horst-Wessel-Lied sind evident.)

Die Entlassung Starhembergs aus der Regierung im Mai 1936 stellte dann Bundeskanzler Schuschnigg als „Frontführer" auch an die Spitze der in der Ständestaat-Verfassung de facto zur Staatspartei deklarierten Organisation; noch deutlicher wurde unmittelbar darauf das Organisationsstatut der VF, in dem diese – nach Ausschaltung der Heimwehr – als der „einzige Träger der politischen Willensbildung" bezeichnet wurde.

Die Geschichte der VF ist – neben den ständigen inneren Querelen, Rivalitäten und Intrigen – auch eine Geschichte unglaublicher Illusionen. So glaubte Stepan im Mai 1934 das Schicksal der Nazibewegung in Deutschland „schon entschieden": „Sie scheint mehr, als sie ist, dagegen ist die VF mehr, als sie zu sein scheint." Und nach Hitlers Vorgehen gegen die SA-Führer um Röhm im Juni 1934 sah der VF-Organisator schon den katholischen „Reichsgedanken", der viele Konservative damals beseligte, über die Grenzen getragen: „Uns Österreichern aber erwächst mit dem Niedergang des Nationalsozialismus eine gewaltige Steigerung unserer Aufgaben, nämlich den Gedanken des christlichen, deutschen, berufsständisch gegliederten Staates aus dem österreichischen Raum hinaus in das deutsche Gebiet zu tragen."

Solchen Selbsttäuschungen gab man sich ein paar Tage vor dem blutigen 25. Juli 1934 hin! Und sie blieben bis zuletzt ein Kennzeichen jenes Regimes, das zwar versuchte, sich die Organisation eines „Konkurrenzfaschismus" gegen Hitler aufzubauen, dem aber ganz und gar dessen Massenbasis fehlte. Gab es doch kaum jemals in Österreich eine Regierung, die angesichts ihrer „Machtergreifung" mit Kanonen und Galgen in weiten Bevölkerungskreisen so verhasst und verachtet war wie diese „vaterländische", die durch ihren Druck so viele Menschen zu einem Opportunismus gezwungen hatte, der sie zu einem permanenten Zwiedenken verurteilte.

Vergeblich wurde die VF immer totalitärer. Dem nach dem Dollfuß-Mord zum Generalsekretär ernannten Oberst Walter Adam war im Mai 1936 Minister Guido Zernatto gefolgt. Die VF erhielt nun ihre Staatsjugend – das „Österreichische Jungvolk" –, sie bildete ein „Sturmkorps", das in seinen dunklen Uniformen Hitlers SS glich, und sie bemächtigte sich mit der

Organisation „Neues Leben“ der Freizeitgestaltung der Bürger. In ihrem Inneren aber saß schon in Form des 1936 zugelassenen „Volkspolitischen Referats“ der Wurm der illegalen Nazis.

Präsident Zauderer

Im Jahr 1928 wählte das österreichische Parlament – bei Stimmenthaltung der Sozialdemokraten, die keine Aussicht auf eine Mehrheit für ihren Kandidaten Karl Renner hatten – den 1872 in Krems geborenen christlichsozialen Abgeordneten Wilhelm Miklas als Nachfolger von Michael Hainisch zum Bundespräsidenten. Die Verfassung von 1920 sah für das Staatsoberhaupt fast nur repräsentative Aufgaben vor. Das sollte anders werden, als die von Seipel seit langem betriebene Verfassungsreform, die auf eine wesentliche Stärkung der Funktionen des Bundespräsidenten hinauslief (wobei der Prälat, damals wieder Bundeskanzler, dieses Amt für sich selbst im Auge hatte), 1929 in Kraft trat. Der Bundespräsident sollte künftig durch Volkswahl bestimmt werden; er erhielt unter anderem das Recht auf Bestellung und Entlassung des Bundeskanzlers und der Regierung, auf Einberufung und zeitlich begrenzte Auflösung des Nationalrats, und er wurde Oberbefehlshaber des Bundesheeres.

Die Wiederwahl Miklas' im Jahr 1931 erfolgte dennoch wieder durch das Parlament. Noch konnte er nicht ahnen, dass sehr bald auf dem Prüfstand stehen würde, ob er wirklich der „starke Mann" war, der im Sinne seines Eids auf die demokratische Republik in den Gang der Ereignisse hätte eingreifen können. Vielleicht hätte ihm eine (durch Parteiintrigen verhinderte) Volkswahl mehr Autorität verschafft – so aber sah er sich, ein ewiger Zauderer, zwischen seiner Haltung als redlicher Konservativer, der Loyalität zu seiner Partei und seinem bedingungslosen Kirchenglauben hin- und hergerissen und vermied gegen seine innere Überzeugung von ihm verlangte Entscheidungen. Die Furcht um seine mit zahlreichen Kindern gesegnete Familie spielte dabei zweifellos eine Rolle – nicht nur einmal äußerte er in den spannungsgeladenen Monaten des „kalten Staatsstreichs“ durch Dollfuß, dass man gegebenenfalls nicht zurückscheuen würde, auch ihn zu verhaften. Bezeichnend für das Naturell dieses Mannes sind die handgeschriebenen Zettel, die er in kritischen Situationen machte, und die erkennen lassen, dass er das Richtige wollte, aber nicht tat.

Miklas' Versagen zeigte sich folgenschwer in der Parlamentskrise von 1933. Er hätte sowohl durch das ihm 1929 eingeräumte Notverordnungsrecht oder durch Auflösung des Nationalrats und Ausschreibung von Neuwahlen eingreifen können. Das Demissionsangebot Dollfuß' in der Nacht vom 7. März nahm er nicht an. Weder Entschließungen des noch intakten Bundesrates noch Argumente des Soziologen Ernst Karl Winter, noch die 1,2 Millionen Unterschriften, die die Opposition für die Wiedereinberufung des Nationalrats vorlegte, bewogen ihn zum Handeln. Als die Regierung dann den Verfassungsgerichtshof ausschaltete, war er empört und konstatierte auf seinen Zetteln, dass der Rechtsstaat nun zerstört sei. Das letzte Mittel, dass er zu dessen Wiederherstellung hätte anwenden können, war die Entlassung der Regierung. Er nutzte es nicht.

Im November 1933 dachte Miklas an Rücktritt. Dollfuß wollte damals den Landbund, der die Regierung wegen der Anhaltelager verlassen hatte, wieder in sein Kabinett einbeziehen. Aus den Kreisen um Miklas war zu hören, dass der Bundespräsident nicht garantieren könne, Dollfuß im Falle einer Regierungsbildung wieder zum Kanzler zu bestellen. Miklas dachte an eine hochangesehene, integre Persönlichkeit als Regierungschef; sobald diese ihr Amt antrat, wollte er selbst demissionieren, womit alle seine Funktionen auf den Kanzler übergegangen wären. Mit solch zweifacher Machtfülle ausgestattet, wäre ein neuer Kurs möglich gewesen.

Oberbefehlshaber des Heere – und zaudernd,
seine Macht anzuwenden: Bundespräsident Miklas.

Auch das blieb nur ein Plan, der nicht ausgeführt wurde. Ebenso mit Misstrauen betrachtete Miklas die Vaterländische Front, an der ihn störte, dass sie immer mehr totalitäre Züge annahm. Diese Monopol-Staatspartei erlaube auch dem Bundespräsidenten nicht, entgegengesetzte Ansichten in Reden oder Artikeln öffentlich zu machen, sagte er seinen Vertrauten.

Im Februar 1934 äußerte er seine Ablehnung der Todesurteile, aber das Recht auf Begnadigung hätte er nur ausüben können, wenn Justizminister Schuschnigg eine solche beantragt hätte. Ebenso sah er ein Unrecht in der Absetzung von Wiens Bürgermeister Seitz – und vereidigte dennoch Richard Schmitz als Bundeskommissär. Mit der Maiverfassung 1934 war er nicht einverstanden: „Die Tatsache, dass in der neuen Verfassung das Volk keinerlei politische Mitbestimmung durch freigewählte Volksboten hat, ist unter Umständen schicksalsbestimmend für die ganze weitere Zukunft Österreichs. Das Regime Dr. Dollfuß hat dafür vor der Geschichte die Verantwortung zu tragen", vermerkte er. Er tat sich etwas darauf zugute, dass er die Maiverfassung vom Mai 1934 nicht unterschrieb – er sei ja auf die deutschösterreichische Verfassung vereidigt. Dennoch beurkundete er ein Zusatzgesetz zur Ständestaat-Verfassung.

Um Starhemberg, der gerade in Italien war, zu verhindern, berief er nach Dollfuß' Ermordung sofort Schuschnigg als Regierungschef, obwohl dieser ihn getadelt hatte, dass er die Legitimität des Regimes bestreite. „Für solche Theoretiker ist kein Platz", hatte Schuschnigg die Bedenken des Präsidenten kritisiert. Der sagte dazu, er wolle gern zur gegebenen Zeit, nämlich wenn die vorgesehene Volkswahl endlich stattfinde, einer solchen Aufforderung, den Platz zu räumen, folgen, es sei denn, dass sanfte oder brutale Gewalt ihn nicht schon vorher aus seinem Amt entferne. So „sicher" also fühlte sich das Staatsoberhaupt in der Diktatur seiner einstigen Parteifreunde.

Erst im März 1938 wuchs Miklas über sich hinaus. Obwohl er sich bestätigt sah, dass die von ihm abgelehnte Vaterländische Front gescheitert war, hielt er es für seine Pflicht, als „Schutzengel" Österreichs im Amt zu bleiben. Vor allem lag ihm daran, einen Bürgerkrieg zu verhindern. Noch als Schuschnigg ihm seine Demission anbot, suchte er einen neuen Regierungschef, trotz des ausgeübten Drucks auf ihn, Seyß-Inquart zu ernennen. Miklas weigerte sich noch. Trotz der Dramatik des Geschehens entbehrt das Gespräch Görings, der das deutsche Ultimatum exekutierte, mit dem deutschen Militärattaché Muff nicht einer gewissen Komik. Muff führte aus, dass Miklas unnachgiebig sei und auch nicht selbst zurücktreten wolle, weil er nicht der Gewalt weiche. Göring: „So! Und er weicht nicht der Gewalt?" – Muff: „Er weicht nicht der Gewalt." – Göring: „Na, was heißt das? Dann lässt er sich also ausheben?" – Muff: „Ja, er bleibt also dort sitzen." – Göring: „Na gut! Bei vierzehn Kindern muss man vielleicht sitzen bleiben. Also schön! Sagen Sie ihm, dass Seyß, Seyß soll die Regierung übernehmen." Miklas, er folgte damit auch einem Rat Schuschniggs, bestellte nach Stunden Seyß-Inquart zum Kanzler. Aber nach wie vor war er nicht bereit, das Anschlussgesetz zu unterzeichnen. Unter Druck wählte er die schon 1935 angedachte Lösung: Er erklärte sich schließlich für „moralisch verhindert", wodurch seine Funktionen auf den Eintagskanzler Seyß-Inquart übergingen. Hitler befriedigte diese Lösung, sie enthielt den Anschein eines rechtmäßigen Übergangs. Miklas erhielt seine volle Pension weiter ausbezahlt.

Die Haltung des Wilhelm Miklas zeigt gewiss persönlichen Mut, allerdings fehlte ihm der politische Überblick, der vielleicht noch in den vorhergehenden Stunden den Einmarsch und damit zumindest vorerst den Verlust der Unabhängigkeit Österreichs verhindert hätte, wie dies ja selbst von den österreichischen Naziführern nicht ungern gesehen worden wäre. Vielmehr aber ist Miklas vorzuwerfen, dass er im Jahr 1933 – wider bessere Überzeugung – nicht ebensolche Standhaftigkeit bewiesen hat. Damals wäre damit eine Rückkehr zur Demokratie noch möglich gewesen.

Der versäumte Generalstreik

Bundeskanzler Dollfuß war fest entschlossen, fortan ohne Parlament zu herrschen. Gemäß dem aus dem Krieg stammenden Gesetz von 1917 wurde mit Verordnungen regiert. Am 7. März 1933 tagte der Ministerrat. Dollfuß begab sich zu Bundespräsident Miklas und meldete ihm den Rücktritt der Regierung, Miklas berief daraufhin die selbe Regierung neu – eine Farce, mit der deren Unabhängigkeit vom Parlament dokumentiert werden sollte. Um Proteste von vornherein zu unterbinden, wurde am gleichen Tag ein Versammlungs- und Demonstrationsverbot erlassen und die Pressefreiheit durch eine Vorlagepflicht, also eine Vorzensur, die vor allem die „Arbeiter-Zeitung" und andere sozialistische Blätter traf, eingeschränkt.

Am 15. März 1933 putschte der Regierungschef ganz unverhüllt gegen die Demokratie und Verfassung, indem er den Wiederzusammentritt des Nationalrates mit Polizeigewalt verhinderte. Am folgenden Tag trat der sozialdemokratische Parteivorstand zusammen. Dessen Beschluss, nicht zum Generalstreik aufzurufen, sondern Verständigungsmöglichkeiten mit Dollfuß zu suchen, erwies sich, als „der verhängnisvollste unserer Fehler", wie Otto Bauer rückblickend feststellte. Er hatte das Drängen anderer, die für sofortiges Handeln waren, beschwichtigt. In dieser Situation wäre der Generalstreik einer damals noch nicht völlig eingeschüchterten Arbeiterschaft eine Warnung an die Regierung gewesen, den autoritären Kurs nicht weiter zu verfolgen – aber es hätte auch der Bürgerkrieg sein können, freilich damals noch mit ungewissem Ausgang; in diesem Fall schien zudem ein Bündnis Dollfuß' mit den Nazis möglich. Der von den Gegnern als „Bolschewik" verschrieene Otto Bauer war „nicht aus dem Teig Lenins gemacht" (wie sein Biograf Julius Braunthal schreibt). Revolutionäres Denken sprach zwar aus seinen Schriften und Reden – aber es war gepaart mit einer tiefen Abscheu vor tätiger Gewalt; es war nicht nur eine billige Redewendung, dass er sich, „vor den Müttern dieses Landes" für die Opfer, die ein Kampf kosten würde, verantwortlich fühlte.

Der junge Bruno Kreisky, der mit Otto Bauer in dessen Exil Gespräche führte, äußerte sich darüber: „Ich war auch dafür, dass man im Jahr 1933 losschlägt, weil wir damals noch so stark waren, dass die Regierung zum Einlenken gezwungen worden wäre. Man hätte vielleicht noch eine Koalitionsregierung und eine Rückkehr zur Demokratie zustande bringen können. Die Arbeiterklasse war noch nicht zersetzt und hat auch noch die Kraft gehabt, einen Generalstreik durchzuführen, dann hätte die Regierung wahrscheinlich eingelenkt. Man darf nicht vergessen, dass Hitler erst wenige Tage an der Macht gewesen ist. Damals hat die österreichische Arbeiterbewegung noch eine moralische Kraft besessen, die mit jener im Februar 1934 nicht zu vergleichen war. Damals wäre Dollfuß wahrscheinlich gestürzt worden. Das ist eine Lehre, die man in der Politik ziehen muss: Man darf gewisse Entscheidungen nicht ewig hinausschieben."

Freilich wäre die Alternative, wenn sich die Regierung nicht dem Druck des Generalstreiks gebeugt hätte, der bewaffnete Aufstand gewesen (der dann im Februar 1934 nur noch den Charakter eines verzweifelten Protestes hatte). Allerdings waren die Chancen für einen erfolgreichen Kampf schon 1933 gering. Kein geringerer als der ehemalige k. u. k. General und spätere Bundespräsident der Zweiten Republik Theodor Körner war dieser Ansicht. Als er nach der Verhaftung des Stabschefs des Republikanischen Schutzbundes Alexander Eifler am 8. Februar 1934 von der Parteiführung gebeten wurde, die militärische Führung zu übernehmen, sagte er: „Jetzt kommt ihr, wo alles verfahren ist." Körner hatte sich in den Jahren zuvor von der Mitarbeit im Schutzbund abgewendet, weil er dessen Konzept als verfehlt betrachtete. Der Schutzbund trug ausgesprochen defensiven Charakter, er sollte die demokratische Republik und die Rechte, die sich das Volk beim Zusammenbruch der Monarchie erstritten hatte, gegen reaktionäre Tendenzen verteidigen. Er war nicht als Organ der Revolution gedacht.

Der Vorwurf Körners: Die Partei habe durch die Herrschaft im „Roten Wien" die Rolle des „Gegenstaats" so perfekt angenommen, dass sie sich auch, getreu dem staatlichen Vorbild, eine Art „Gegenarmee" für militärische Aufgaben leisten zu können glaubte. Der nach diesem Vorbild militärisch gedrillte Schutzbund (Körner sprach von „Soldatenspielerei") stärkte in den Volksmassen den Eindruck, dass eben nur jener im Verteidigungsfall zu kämpfen hätte. Der Offizier Körner hingegen wusste, dass in offenem Straßenkampf die hierfür ausgebildete staatliche Exekutive im Vorteil war. Er setzte auf eine Zermürbungstaktik kleinster eigenständiger Kampfgruppen, die nicht von der Parteispitze dirigiert werden müssten, sondern wüssten, worauf es ankommt. „Nur wenn alle in der Arbeiterschaft schlummernden Kräfte freigemacht werden und den reaktionären militärischen Aktionen etwas ganz anderes, Verblüffendes, nicht ganz Selbstverständliches gegenübertritt", bestehe die Chance des Sieges, schrieb Körner an Karl Renner. Dafür hatte die auf formale Militarisierung ausgerichtete Schutzbundführung kein Ohr.

Die Regierung nützte das Zurückweichen der Sozialdemokratie sofort zu weiterem Handeln aus: Noch im März wurde deren Wehrorganisation, der Republikanische Schutzbund, für aufgelöst erklärt, und allenthalben begannen in den Parteiheimen Waffensuchen. Damit war der lang gehegte Wunsch der Heimwehr erfüllt, die nun die Arbeiterschaft ungestraft terrorisieren konnte. Wurden doch die Heimwehr, die Ostmärki-

„Nicht aus dem Teig Lenins“:
Otto Bauer wollte keinen Bürgerkrieg.

schen Sturmscharen und andere reaktionäre Kampforganisationen der Exekutive als „Schutzkorps“ beigeordnet. Die traditionellen Maiaufmärsche der Sozialdemokraten wurden verboten. Die Wiener Innenstadt glich am 1. Mai 1933 einem Heerlager. Überall war Bundesheer mit Karabinern und Maschinengewehren postiert, die Zugänge zu Hofburg, Kärntner Straße und Ballhausplatz waren mit Stacheldraht verrammelt. Statt aufzumarschieren, begnügten sich die Sozialdemokraten mit Bummelspaziergängen auf dem Gehsteig des Rings und in den Bezirken. Noch wurde die Sozialdemokratische Partei nicht in ihrer Existenz in Frage gestellt, noch wurden die Freien Gewerkschaften nicht verboten – aber die Zermürbungstaktik, die Durchsuchungen der Parteiheime, die Demütigungen durch Polizei und Heimwehr, die Vorzensur auf sozialistische Publikationen hatten Erfolg. Viele wurden müde und enttäuscht, weil die Parteiführung, offenbar auf Überdauern ausgerichtet, dem nichts mehr Kraftvolles entgegensetzte. Die Gründung der Vaterländischen Front am 20. Mai, in die sich die Christlichsoziale Partei (trotz einiger Bedenken ihrer Demokraten) sofort und die Heimwehr nach einigem Zieren und nach Starhembergs Ernennung zum stellvertretenden „Frontführer“ einreihten, zeigte aber an: der Kurs ging Richtung Einheitspartei.

Inzwischen war das Regime in einen Zweifrontenkrieg geraten, weil die Nazis begannen, Österreich mit Bombenterror und Attentaten zu überziehen. Dollfuß aber konzentrierte sich vorerst darauf, seinem Schutzherrn Mussolini gerecht zu werden, der dem kleinen Kanzler die Linie vorgab, wie es weitergehen müsse: „Ich bin überzeugt davon, dass sobald Eure Exzellenz an alle gesunden nationalen Kräfte Österreichs appellierend der Sozialdemokratischen Partei in ihrer Felsenfestung Wien einen Schlag versetzen werden und ihre Säuberungsaktion auf alle Zentren ausdehnen würden, die im Gegensatz zum Autoritätsprinzip des Staates zersetzende Tendenzen verfolgen, auch viele, die heute in den Reihen der Nazi tätig sind, in den Kreis der nationalen Front herübergezogen werden würden" (Brief vom 1. Juli 1933). Dollfuß versprach postwendend, „sobald es die Verhältnisse zulassen, den Marxisten ihre Machtpositionen, die sie noch in Händen haben, zu nehmen".

Im Mai war die kleine Kommunistische Partei Österreichs, die nie ein Parlamentsmandat errungen hatte, verboten worden. Ebenso wurde der den Sozialdemokraten nahe stehende Freidenkerbund aufgelöst Das Hissen roter Fahnen – ob mit oder ohne Parteiabzeichen von SP, KP oder NS – wurde allgemein untersagt. SA und SS wurden mit einem Uniformverbot belegt. Der Terror wurde untragbar, als bei einem Handgranatenangriff auf Christliche Turner bei Krems ein Mann getötet und 13 schwer verletzt wurden: Die NSDAP und ihre Gliederungen wurden in Österreich verboten.

Im August traf Dollfuß erneut Mussolini – der faschistische Kraftprotz empfing den Gast in Riccione in der Badehose. Der „Duce" versprach, Berlin zu besänftigen, und machte zugleich seiner Ungeduld Luft, endlich den „Parteienstaat" in Österreich völlig zu beseitigen. Und schon am 11. September kündigte Dollfuß in einer groß angelegten Rede auf dem Trabrennplatz eine völlig neue, „ständische", Verfassung an, in der für Parlament und Parteien kein Platz mehr sein sollte.

Zwar verlangte Starhemberg als Sprachrohr Mussolinis immer wieder, „besser heute als morgen den entscheidenden Schlag gegen die Marxisten" zu führen und – angesichts des Jubiläums der Befreiung Wiens von der Türkenbelagerung in Erinnerung an seinen gräflichen Vorfahren – das Wiener Rathaus in einer neuen Befreiungsaktion „von den Bolschewiken zu säubern"; doch Dollfuß hielt sich vorerst im Drangsalieren der „Roten" weiter an die Salamitaktik. Die Eisenbahner und Postler durften nicht mehr ihre Personalvertretungen wählen, politisch anders denkende Beamte wurden gemaßregelt, der Gemeinde Wien wurden Geldmittel in einem Ausmaß entzogen, dass der städtische Wohnungsbau, der Stolz des „Roten

Wien", eingestellt werden musste, Arbeit bekam – angesichts von bereits 400.000 Arbeitslosen – nur, wer politisch einwandfrei war. Die drängenden Scharfmacher tröstete er: „Nichts geht den Sozi mehr auf die Nerven als diese gewisse, langsame Taktik. Alles auf einmal bringt die Leute zum Kampf."

Doch mit 11. November kündigte sich an, dass die Regierung sich auf eine noch viel härtere Gangart vorbereitete. Die von der Republik 1920 abgeschaffte Todesstrafe wurde wieder eingeführt. Auch hier half der juristische Ratgeber, Sektionschef Hecht, dem Kanzler über verfassungsmäßig noch bestehende Hürden: Da die Todesstrafe theoretisch noch im Standrecht aufrechterhalten geblieben war, wurde dessen Ausweitung auf Mord, Brandstiftung und boshafte Sachbeschädigung beschlossen. Die Hinrichtungen sollten „durch den Strang" erfolgen. Die ersten Urteile danach erwiesen sich als empörende Klassenjustiz: ein reicher Bauernsohn, der seine Magd geschwängert und ermordet hatte, wurde trotz Todesurteil begnadigt, ein halbdebiler Landstreicher, der einen Heuhaufen anzündete, als ihn der Besitzer vom Hof verjagt hatte, wurde gehenkt.

Am 18. Januar 1934 schickte Mussolini seinen Unterstaatssekretär Fulvio Suvich mit der Mahnung nach Wien, die Regierung könne sich in Rom nur ihr Vertrauen erhalten, wenn ihr „Erneuerungswerk" mit größerer Entschiedenheit vor allem im Kampf gegen den Marxismus angegangen würde; nur so halte der „Duce" das Regime für „rettbar".

Am 11. Februar 1934 kündigte Vizekanzler Emil Fey bei einer Heimwehrübung in Langenzersdorf an: „Die Aussprachen von vorgestern und gestern haben uns die Gewissheit gegeben, dass Kanzler Dr. Dollfuß der unsrige ist … Wir werden morgen an die Arbeit gehen, und wir werden ganze Arbeit leisten für unser Vaterland …"

12. Februar: „Tantes Zustand hoffnungslos“

„Das Befinden des Onkel Otto und der Tante wird sich erst morgen entscheiden. Ärzte raten abwarten, vorerst noch nichts unternehmen.“ Der besorgte Verwandte, der dies dem oberösterreichischen Landesparteisekretär der sozialdemokratischen Partei, Richard Bernaschek, in der Nacht vom 11. zum 12. Februar 1934 mitteilte, war Alois Jalkotzy, Sekretär der Kinderfreunde, der aus deren Sitz im Schloss Schönbrunn anrief. Das Telefongespräch wurde abgehört und an die Linzer Sicherheitsdirektion weitergeleitet. Dort lag auch bereits ein Telegramm, das seinen Adressaten Bernaschek nie erreichte: „Tantes Zustand fast hoffnungslos. Verschiebe deshalb Operation bis nach Ärztekonsilium am Montag.“

Die verschlüsselten Botschaften sollten Bernaschek davon abhalten, sich mit seinen Schutzbündlern einer allfälligen Polizeiaktion im Parteiheim Hotel Schiff mit Waffengewalt zu widersetzen. In der letzten Januarwoche war unverkennbar geworden, dass die Regierung nach den Repressionen der Monate zuvor nun zu einem großen Schlag gegen die Sozialdemokratie ausholen würde. Der Heimwehrführer und Innenminister Emil Fey ordnete systematische Hausdurchsuchungen nach Waffen in sozialdemokratischen Parteiheimen, Gemeindebauten und in Privatwohnungen von Funktionären an. Sie begannen in Niederösterreich und wurden dann auch auf Wien ausgedehnt. Der Stabschef des (bereits im Frühjahr 1933 verbotenen) Republikanischen Schutzbundes Major Alexander

Eifler, der Kommandant der Wiener Gemeindewache Rudolf Löw und an die 200 Unterführer wurden verhaftet.

Richard Bernaschek lag am 9. Februar der Text eines Geheimerlasses des oberösterreichischen Sicherheitsdirektors Hammerstein-Equord vor, in dem alle Bezirkshauptmannschaften aufgefordert wurden, Listen der sozialdemokratischen Funktionäre aufzustellen – sie sollten offenbar in Anhaltelagern interniert werden. Überzeugt, dass die Entscheidung, die Sozialdemokratie völlig auszuschalten und die Partei zu verbieten, unmittelbar bevorstand, beschlossen die Führer des oberösterreichischen Schutzbundes, einer Besetzung des Parteiheims mit Waffengewalt entgegenzutreten. Dies wurde Otto Bauer und Julius Deutsch im Parteivorstand mitgeteilt. Die Genossen per Telegramm und Telefon von diesem Schritt abzuhalten misslang. Durch Abhören war dem Sicherheitsdirektor also das Zögern der Wiener SP-Führung bekannt. Er entschloss sich dennoch, die für 12. Februar vorgesehene Waffensuche im Parkbad nun zum Hotel Schiff zu verlegen – offenbar mit dem Ziel, allfälligen Widerstand sofort im Keim zu ersticken; vorsorglich wurde für die Polizei eine Assistenzkompanie des Bundesheeres bereitgestellt.

Bernaschek hatte für den Morgen des 12. Februar die Bataillons- und Kompanieführer des Schutzbundes zu einer Besprechung bestellt, um über die Bedenken aus Wien zu beraten. Um 7 Uhr früh drang Polizei ins Haus ein. Dem Parteisekretär gelang noch, den Landeshauptmann Dr. Schlegl anzurufen und um Abbruch der Intervention zu ersuchen – „sonst geschieht Schreckliches". Dann schlug die Polizei die Tür zu seinen Räumen ein, und Bernaschek wurde verhaftet.

Die etwa 40 Schutzbündler im Haus flüchteten ins Zentralkinogebäude, wo ihre Waffen versteckt waren. Als die Polizei das Kino untersuchen wollte, wurde sie mit Maschinengewehrfeuer empfangen. Nun wurde eine Kompanie des in Linz stationierten Alpenjägerregiments in Marsch gesetzt. Erst nach mehreren Stunden gelang es, die Schutzbündler außer Gefecht

Kanonen ohne Rücksicht auf Frauen und Kinder:
Kanone in Stellung gegenüber dem Karl-Marx-Hof
in Wien-Heiligenstadt.

zu setzen. Inzwischen waren auch in anderen Teilen von Linz Kämpfe ausgebrochen, so um die Donaubrücke, um die Diesterwegschule und am Freinsberg. Die Nachrichten aus der Landeshauptstadt ließen auch in Steyr den Widerstand aufflammen. Die Arbeitersiedlung Ennsleiten wurde von Artillerie des Bundesheers sturmreif geschossen. An der gesprengten Bahnlinie Linz–Steyr kam es zu schweren Kämpfen. In Ebensee entwaffnete der Schutzbund Gendarmerie und Heimwehr, erst am Abend wurde der Ort „gesäubert". Im Bergarbeiterdorf Holzleithen hatte es heftige Kämpfe um den Hausrucktunnel gegeben. Der stellvertretende Bezirkshauptmann ließ nach Besetzung des Arbeiterheims fünf unbewaffnete Schutzbundsanitäter an die Wand stellen und erschießen.

In Wien hatte offenbar weder die Regierung, die sich zu einem Festgottesdienst in den Stephansdom begeben hatte, noch die sozialdemokratische Führung mit dem Ausbruch von Kämpfen gerechnet. Um 11.47 Uhr erloschen in ganz Wien die Lichter, die Straßenbahnen blieben stehen. In den Elektrizitätswerken wurde so auf Weisung der improvisierten Kampfleitung, die nach den Nachrichten aus Linz von Julius Deutsch und Otto Bauer im Favoritner George-Washington-Hof gebildet worden war, das Signal für den Generalstreik gegeben. Es wurde aber nur lückenhaft befolgt, und der Polizei gelang es rasch, die Elektrizitätswerkzentrale auf dem Alsergrund und die Hauptbahnhöfe unter Kontrolle zu bringen. Die Innenstadt wurde von den Sicherheitskräften hermetisch abgeriegelt. Das Rathaus wurde besetzt, Bürgermeister Karl Seitz und mehrere Stadträte wurden ins Gefängnis abgeführt.

In den Arbeiterbezirken begannen schwer bewaffnete Polizeipatrouillen, die großen Gemeindebauten zu durchkämmen. In der Wohnhausanlage Sandleiten in Ottakring kam es um 13 Uhr zu ersten Kämpfen. Um 14 Uhr ließ die Regierung über das Radio das Standrecht ausrufen, „um diese planmäßigen verbrecherischen Anschläge bolschewikischer Elemente im Keim zu ersticken". In Hietzing wurde der Schutzbündler Karl

Sie standen mit dem Rücken zur Wand:
Schutzbündler haben sich der Übermacht ergeben.

Münichreiter nach einem kurzen Feuergefecht erstes Opfer des Standrechts: Obwohl verwundet, wurde er auf der Bahre zum Galgen geschleppt. Die Verteidiger des Ottakringer Arbeiterheims mussten erst nach einem Minengreifer-Angriff aufgeben. Beim Angriff auf den Karl-Marx-Hof in Döbling wurden Polizei und Heimwehr dem Widerstand nicht Herr, Militär wurde beigezogen und der Bau mit Haubitzen beschossen; erst am 14. Februar konnte die Exekutive in den schwer beschädigten Gemeindebau eindringen. Der Verteidiger des Marx-Hofes Emil Svoboda wurde gehenkt. Auch der Goethehof in Kaisermühlen lag unter Artilleriefeuer, das Café und zahlreiche Wohnungen wurden verwüstet. Bei dem rücksichtslosen Vorgehen spielte wohl auch mit, dass der sich so gern aufs Christentum berufende Regierungschef ohne Rücksicht auf Frauen und Kinder den Stolz des „Roten Wien" brechen wollte. Kämpfe gab es auch in Meidling, Simmering und Erdberg. Im Bezirk Floridsdorf, jenseits der Donau, war der Widerstand besonders stark. Am heftigsten umkämpft waren der Schlingerhof und die Hauptfeuerwache. Hier hatte Georg Weissel, Kommandant der „Akademischen Legion" des Schutzbundes, den Kampf der Feuerwehrleute organisiert. Die Polizei überwältigte schließlich die Aufständischen, und Weissel wurde vom Standgericht zum Tod verurteilt.

In der Steiermark waren Bruck und Kapfenberg Zentren des Kampfes. Den Schutzbündlern unter Führung des Nationalratsabgeordneten Koloman Wallisch gelang es, die Heimwehr in Bruck zu entwaffnen; die Stadt war am 12. Februar in der Hand der Aufständischen. Erst die Haubitzen des Militärs brachen den Widerstand, Wallisch wurde auf der Flucht verraten, verhaftet und am 19. Februar, als die Kämpfe längst beendet waren, gehenkt. Justizminister Schuschnigg hatte im Ministerrat für die Aufrechterhaltung des Standrechts in der Steiermark plädiert, weil „die Ergreifung Wallischs unmittelbar bevorstehe" – ein glatter Justizmord an einer Symbolfigur der Arbeiterbewegung in der Steiermark. In der Landeshauptstadt Graz

Nur nicht mehr an die Republik erinnern: das Denkmal ihrer Gründer wurde verhüllt und dann abgetragen.

gab es in den nordöstlichen Stadtteilen Eggenberg und Gösting Widerstand. Der Arbeiterkammersekretär Josef Stanek wurde vom Standgericht an den Galgen gebracht. Weitere Todesurteile in den Bundesländern wurden an Josef Ahrer, Anton Bulgari, Johann Hois und Viktor Rauchenberger vollstreckt.

Die Kluft, die durch die Ereignisse des Februar 1934 als Endpunkt auf dem Weg zur Zerschlagung der Sozialdemokratie und Beseitigung der demokratischen Republik in der österreichische Gesellschaft entstand, war unüberbrückbar. Die Arbeiterschaft, die ihre politische Heimat verloren hatte, die Hunderttausenden Arbeitslosen und „Ausgesteuerten" standen dem Regime in totaler Ablehnung gegenüber. Der austrofaschistische Kurs hatte Österreich mit der Vernichtung der Arbeiterbewegung seiner stärksten Kraft, die vielleicht imstande gewesen wäre, Hitler Widerstand zu leisten, beraubt.

Die Entwicklung, die dahin führte, erlaubt nicht, wie immer wieder versucht wird, von einer „geteilten Schuld" zu sprechen. „Die Partei machte Fehler – aber die anderen haben die Demokratie wissentlich, bewusst und mit kühlem Zynismus beseitigt", sagte Bruno Kreisky im Gedenkjahr 1984 als Resümee seines eigenen Erlebens wie auch der überwiegenden Meinung der Historiker. Und Franz Winkler, der Landbund-Vizekanzler, der die Dollfuß-Regierung verlassen hatte, als Anhaltelager eingerichtet wurden, schrieb schon 1935 in seinem in Zürich erschienenen Buch „Die Diktatur in Österreich":

„Der rote Aufstand war eine in der Geschichte einzig dastehende revolutionäre Handlung. Denn: Rebellen, Revolutionäre gehen auf die Barrikaden mit dem Einsatz ihres Lebens, um bestehende Verfassungen zu stürzen und bestehende Verhältnisse zu ändern. Die Schutzbundrebellen vom 12. Februar 1934 standen auf den Barrikaden zur Verteidigung der in Geltung stehenden Verfassung."

Es war erwiesenermaßen nicht an der Haltung der sozialdemokratischen Führung gelegen, dass dieser heroische Widerstandskampf unausweichlich wurde. Dafür ist der letzte

Obmann der Christlichsozialen Partei, Emmerich Czermak, unverdächtiger Zeuge. Im April 1934 sagte er: „In den Wochen und Monaten nach März 1933 wäre es für uns leicht gewesen, eine gemeinsame Plattform mit den Sozialdemokraten zu finden, denn sie waren viel gemäßigter geworden; es wäre leicht gewesen, die alte Situation in einer etwas veränderten Form wiederherzustellen. Wir hätten von den Sozialdemokraten viele Konzessionen erhalten." Doch auf sozialdemokratische Angebote sei von Dollfuß, der sich bereits völlig auf Heimwehrkurs befand, die Antwort gekommen: Dazu sei es zu spät. Dollfuß weigerte sich auch, persönlich mit sozialdemokratischen Führern zu verhandeln; während er im gleichen Zeitraum sehr wohl mit dem deutschen Nazi-„Gauinspekteur" Habicht Gespräche führte.

Charles A. Gulick resümiert: „Was sich am 12. Februar in Österreich entfaltete, war keine sozialistische Revolution. Dieser Tag war die dramatischste Episode in einer faschistischen Gegenrevolution, die Jahre hindurch geplant worden war. Die Kräfte und Personen, die sie planten, waren: Großunternehmertum, Hochfinanz, Großgrundbesitzer, postenlose Offiziere, unzufriedene Aristokraten, politische Abenteurer und klerikale Politiker, sowohl Laien als auch Priester. Sie waren nur eine kleine Minorität innerhalb des österreichischen Volkes. Aber als die entscheidende Stunde schlug, hatten sie sich die Gefolgschaft einer großen Anzahl von Bauern und eine kleinere Anzahl von Mitgliedern der Mittelklasse gesichert ..."

„Wir standen mit dem Rücken an der Wand ... Kämpfen oder kapitulieren – etwas anderes gab es nicht", hielt Julius Deutsch fest. In einer Zeit, da halb Europa schon von Diktatoren regiert wurde, erhoben die Kämpfer des 12. Februar 1934 als erste ihre Waffen gegen den Faschismus.

„Das nötige abschreckende Beispiel“

Sofort am 12. Februar hatte die Regierung das standrechtliche Verfahren, in dem schon seit dem November 1933 die Todesstrafe auf Mord, Brandstiftung und boshafte Sachbeschädigung ausgesprochen werden konnte, durch eine Notverordnung auf den Tatbestand „Aufruhr“ ausgedehnt. So konnte noch während der Kampfhandlungen mit der Aburteilung von Schutzbündlern begonnen werden. Gleichzeitig erhielten sozialdemokratische Anwälte, sofern sie nicht ohnedies auch schon verhaftet worden waren, Berufsverbot. Die mit den Exekutionen – die Todesurteile wurden an insgesamt neun Verurteilten vollstreckt – demonstrierte Härte rechtfertigte der damalige Justizminister Kurt Schuschnigg, in dessen Ermessen es lag, Gnadengesuche an den Bundespräsidenten weiterzuleiten, als das „dringend nötige abschreckende Beispiel“ und eine Rücksichtnahme auf die zahlreichen Opfer der kämpfenden Exekutive.

Am Abend des 14. Februar verkündete Bundeskanzler Dollfuß über das Radio einen „Pardonappell“: Aufständische, die die Waffen streckten und keine „verantwortlichen Führer“ seien, hätten mit milden Urteilen oder Straffreiheit zu rechnen. Trotzdem kamen viele, die sich gestellt hatten, vor Standgerichte. Die Richter legten die versprochene Pardonierung als eine Maßnahme des Gnadenweges aus und wandelten die standrechtlich ausgesprochenen Todesurteile in langjährige Haftstrafen um. Aber selbst von dieser „Pardonierung“ wurde abgewichen, wenn es um einen dem Regime besonders verhassten Gegner wie Koloman Wallisch ging.

Der Fall Koloman Wallisch

„Ich weiß nicht, ob die Erkenntnis bei Dir so stark ist, dass Du dafür bereit wärst, auch den steinigen und dornigen Weg zu gehen, den man gehen muss, wenn man sich dieser Weltanschauung angeschlossen hat. Ich weiß nicht, ob Du schon zu jenen Opfern bereit bist, die man wirklich auf sich nehmen muss, wenn man für den Sozialismus kämpfen will. Diese Opfer, sie bestehen aus täglichen, wöchentlichen, einen selbstbewussten Menschen schwer treffenden Demütigungen. Freilich muss ich sagen, dass derjenige Mensch, der entschlossen ist, für eine bessere und schönere Welt zu kämpfen, in erster Linie bei sich selbst beginnen muss. Wenn ich das Schlechte an den herrschenden Personen bekämpfe, muss ich zunächst selbst gut sein meinen Nächsten gegenüber …"

Der diese Zeilen (1932 an eine Verwandte, die sich der Sozialdemokratie anschließen wollte) schrieb, war Koloman Wallisch. Wiener Boulevardzeitungen titulierten ihn „Die Bestie Wallisch". Um ihn zu ermorden, zögerte die Unrechtsregierung Dollfuß die Aufhebung des Standrechtes in den Februartagen 1934 – die Ministerratsprotokolle bestätigen es – Tage hinaus. Als der Henker, der Fleischhauer Spitzer aus Wien, am 19. Februar um 22.40 Uhr seinen Auftrag ausgeführt hatte, verbeugte er sich vor dem Leichnam und sagte: „Herr Wallisch, bei Ihnen war es mir ein ganz besonderes Vergnügen!"

Warum richtete sich solch abgrundtiefer Hass gegen diesen steirischen Parteifunktionär, Schutzbundführer und Parlamentsabgeordneten? Warum setzte die Regierung ein hohes Kopfgeld auf seine Ergreifung aus und befahl gegen ihn einen Prozess, der selbst unter den Bedingungen des Standrechts absolut unfair war und von vornherein das Ziel hatte, mit einem Justizmord abzuschließen?

Koloman Wallisch war durch sein anderthalb Jahrzehnte währendes Wirken in Österreich zu einer Symbolfigur des Einstehens für die Rechte der Arbeiter, für deren Hoffnung auf den Sozialismus im obersteirischen Industriegebiet geworden. Und er hatte sich gerade dort, wo die Industrieherren der Alpine ihre Heimwehren rekrutierten, deren Versuchen, die Arbeiterschaft einzuschüchtern und gegen den Staat zu putschen, mit harter Entschlossenheit entgegengestellt. Damit hatte er alle Wut der Herrschenden auf sich gezogen.

Koloman Wallisch war 1889 als zehntes Kind eines Banater Schwaben im damals ungarischen, heute rumänischen Lugoj geboren worden. Ein russischer Meuterer vom Panzerkreuzer „Potemkin", der sich in das Städtchen verirrte, brachte die Sozialdemokratie dorthin. Wallisch war früh dabei. Im Krieg lernte er das Militärgefängnis kennen, als er einen Streik organisierte. Während der kurzen Zeit der Räteregierung in Ungarn war er Parteisekretär in Szegedin, dann musste er vor dem „weißen Terror" fliehen (Blutgeschichten, die ihm Boulevardzeitungen anhängten, erwiesen sich in einem großen Prozess als pure Erfindung). Wallisch kam erst ins noch steirische Marburg als Parteisekretär, als dieses endgültig an Jugoslawien fiel, nach Fürstenfeld. Als dort 1920 Horthy-Banden über die Grenze kamen und ihn holen wollten, heulten die Fabrikssirenen, und die Arbeiter verjagten sie mit Prügeln und Sensen.

Dass Wallisch alles andere als die „Bestie" war, als die ihn die Bourgeoisie verschrie, bewies er mehrmals. Etwa im April 1921, als er den letzten Habsburger-Kaiser Karl, der von seinem missglückten Putsch in Ungarn zurückkehrte, in Bruck davor bewahrte, dass er von Demonstranten gelyncht wurde. Oder als er am Tag nach dem 15. Juli 1927, als in Wien vor dem Justizpalast ein Polizeimassaker stattgefunden hatte, einen regelrechten Aufstand im Industriegebiet verhinderte. Oder als er 1932 Gendarmen davor schützte, von arbeitslosen Hunger-

Für ihn das Standrecht verlängert: Koloman Wallisch

Vom Gericht befürwortete Begnadigung abgelehnt: Georg Weissel

Verwundet zum Galgen geschleppt: Karl Münichreiter

demonstranten erschlagen zu werden. Die Kommunisten nannten ihn denn auch einen „Bremser" und „Sozialfaschisten" – die Spießbürger aber hassten ihn zutiefst: Hatte er es doch gewagt, zu Gunsten der Hungernden Fleisch in den Läden zu requirieren, ein nie zu vergebendes Verbrechen gegen das heilige Eigentum.

Am 15. März 1933, als Dollfuß die Abgeordneten nicht mehr ins Parlament ließ, war Wallisch einer von jenen, die zum Losschlagen rieten. Aber der Parteivorstand zögerte, und als Wallisch heimkam, musste er – diszipliniert und gegen seine eigene Überzeugung – die obersteirischen Schutzbündler mühevoll überreden, die Waffen zu verstecken und nicht zu gebrauchen.

Am 12. Februar 1934 war es zu spät – das wusste Koloman Wallisch: „Ich bin überzeugt, dass es organisierter Selbstmord ist, jetzt, wo die Regierung bereits so stark ist", bezeugt Paula Wallisch die Haltung ihres Mannes in dieser Stunde. „Ich weiß, dass nicht überall gekämpft wird und dass die Eisenbahner beim Generalstreik nicht mittun werden. Ich weiß auch, dass ich nach dem Zusammenbruch eines der Opfer sein werde."

Dennoch schloss sich Wallisch nicht aus vom Verzweiflungskampf gegen die zur völligen Beseitigung der Demokratie entschlossene Regierung. Als starke Bundesheereinheiten gegen Bruck vorrückten, zog sich die Gruppe Wallisch, noch 400 Mann stark, aus der Stadt zurück, die einen Tag in ihrer Hand war. Über die verschneite Gleinalpe wollten sie die Grenze Jugoslawiens erreichen. Am 15. Februar lieferten sie 80 Gendarmen, die sie verfolgten, ein Feuergefecht. Etliche Schutzbündler wurden gefangen genommen, die Gruppe löste sich auf in der Hoffnung, einzeln eher den Weg zur Grenze zu finden. Am 17. Februar organisierten Genossen für Wallisch, der sich in einer Almhütte versteckt hatte, ein Auto, das ihn nach Süden bringen sollte. Ein Autobuschauffeur erkannte ihn und zeigte ihn an. Gendarmen verhafteten den Langgesuchten.

Im Ministerrat am 16. Februar berichtete Justizminister

Schuschnigg über die bisher verhängten Todesurteile. Dann heißt es im Protokoll weiter: „Redner glaubt, dass man so rasch als möglich trachten müsse, vom Standrecht wegzukommen; allerdings, was speziell die Steiermark anlange, so sei nach den einlangenden Nachrichten die Ergreifung des Schutzbundführers Wallisch unmittelbar bevorstehend, und Redner wäre daher der Ansicht, dass man das Standrecht dort vorläufig noch aufrechterhalten solle."

So kam Wallisch vor das Standgericht in Leoben. Der Staatsanwalt tobte: „Schrecken des steirischen Oberlandes, Gefahr für jeden anständigen Bürger ... Geißel, welche unter dem Schutzmantel der Immunität als Landtagsabgeordneter und Nationalrat immer wieder zu Verbrechen hetzte... Arbeiterführer ... Eiterbeule ... Bolschewik ..." Auf korrekte Beweiswürdigung kam es da den Leobner Standrichtern nicht mehr sehr an. Die belastenden Zeugenaussagen, wonach Wallisch den Aufstand in Bruck organisiert hatte, kamen nur als Aussagen, die von der Polizei aufgenommen worden waren (die von der Verteidigung beantragte persönliche Vorladung wurde abgelehnt). Das Gericht leitete daraus „ohne Zweifel" ab, dass er „als einer der verantwortlichen Führer" beim Aufruhr „tätig gewesen sei". Den Schuldspruch begründete das Standgericht unter anderem damit, dass Wallisch „schon durch seine Anwesenheit und durch seine aufmunternden Worte die Leute in ihrem Kampf bestärkt habe", weil er ja als Abgeordneter „für die Brucker Arbeiterschaft von großer Bedeutung gewesen" sei. Eine vage Formulierung, die den Schluss zulässt, dass das Beweismaterial für eine korrekte Verurteilung zu dürftig war.

Achtzehn gefangene Schutzbündler, unter ihnen sogar solche mit Familie, erklärten sich bereit, an Wallischs statt zu sterben. Aber das Blutgericht wollte ihn, nur ihn. Und die Henker hatten es eilig. Noch am späten Abend des Prozesstages wurde das Urteil vollstreckt.

Der Fall Georg Weissel

Als die Witwe des am 15. Februar 1934 hingerichteten Georg Weissel am Grab ihres Mannes einen Grabstein aufstellen ließ, auf dem die Worte „Ein Stein unter Steinen im Aufbau der Menschheit" standen, trat Wiens Polizeipräsident Dr. Skubl höchstpersönlich in Aktion und verlangte die Entfernung der Inschrift. Als sich Frau Weissel weigerte, befand ein Senatsrat, die Inschrift verletze die Würde des Friedhofes. Die Inschrift wurde auf Kosten der Witwe entfernt. Großzügig gewährte das Regime der Frau, die es gezwungen hatte, sich mit ihrem damals vierjährigen Sohn durchs Leben zu fretten, Ratenzahlungen – der „justifizierte Brandoberkommissär" war rückwirkend entlassen, seine Frau so der Witwenrente verlustig erklärt worden.

Das war das traurige Nachspiel zu einer Exekution, deren Opfer auch das Standgericht nicht vorwerfen konnte, dass Blut vergossen, ja auch nur gewaltsamer Widerstand gegen die Polizei geleistet worden wäre. Georg Weissel wurde lediglich für die – von ihm offen einbekannte – Bereitschaft zu diesem Widerstand zum Tode verurteilt.

Im Jahr 1899 in Wien geboren, kam Georg Weissel aus einfachen Verhältnissen. Seine Eltern – sein Vater arbeitete als Magazineur der Eisenbahn in der Brigittenau – ermöglichten es ihm dennoch, die Mittelschule zu besuchen. Schon dort wurde er, ganz im Sinne seines Vaters, sozialdemokratisch tätig. Der Einsatz an der Italienfront und der Zusammenbruch der Monarchie bestärkten ihn in der Überzeugung, sich für eine gerechtere Gesellschaft einsetzen zu müssen. Die Eltern ermöglichten ihm auch das Studium an der Technischen Hochschule. Als er als Diplomingenieur abschloss, war für ihn lange kein Posten zu finden. Schließlich nahm ihn 1926 die Städtische Feuerwehr auf, 1931 wurde ihm das Kommando über die Floridsdorfer Feuerwache übertragen.

Nach den tragischen Ereignissen des 15. Juli 1927 war Weissel im Zuge der Neuorganisierung des Republikanischen Schutzbundes zum Kommandanten der „Akademischen Legion“, der Studentenabteilung der sozialdemokratischen Wehrorganisation, berufen worden; Zusammenstöße vor allem mit den Nazistudenten an den Universitäten waren damals an der Tagesordnung.

Als die Sozialdemokratische Partei gegenüber den Dollfuß'schen Einschüchterungsmaßnahmen immer wieder zurückwich, hatte sich Weissel verbittert von der politischen Tätigkeit zurückgezogen: Wie so viele war er überzeugt, dass nur Widerstand die Diktatur verhindern könnte. Daher zögerte er keinen Augenblick, am 12. Februar 1934 das zu tun, was er als seine Pflicht verstand.

Für diesen Ernstfall dürfte Weissel Vorbereitungen getroffen haben, denn am Morgen des 12. Februar stellten sich bei der Feuerwache Floridsdorf auch Feuerwehrleute aus anderen Bezirken ein, die zugleich Schutzbündler waren. Als sein Freund Franz Kapeller ihn von der Wohnung abholte, wies zwar Weissels Frau mit Skepsis auf den funktionierenden Gasherd, der bewies, dass der Generalstreik nicht eingehalten wurde. Dennoch ließ Weissel auf einem Feuerwehrrüstwagen aus der Straßenbahnremise, in der sich die Zentrale des Floridsdorfer Schutzbundes befand, Waffen holen. Als er diese in der Feuerwache verteilen wollte, zeigte sich, dass nur ein Teil der anwesenden Feuerwehrleute – sie versahen ja ihren beruflichen Dienst – bereit war zu kämpfen.

In mehreren Telefongesprächen mit Branddirektor Wagner im Rathaus, der auch die Leitung der Gemeindewache – auf die der Schutzbund im Ernstfall gezählt hatte – innehatte, verlangte dieser von Weissel, die Waffen an die Polizei abzuliefern. Weissel weigerte sich: „Ich halte die Feuerwache, so lange ich kann“, antwortete er. Die unbewaffneten Feuerwehrler versteckten sich im Keller. Die Schutzbündler gerieten in einen Schusswechsel mit dem gegenüberliegenden Polizeikommissariat. Dann ließ jemand einen Kriminalbeamten in die Feuerwache ein, und es ging alles sehr rasch: Weissel und seine paar Leute ergaben sich der Polizei.

Zunächst wurden alle Feuerwehrleute festgenommen und brutal geschlagen. Dann brachte man die Gefangenen zur Rossauer Lände, wo sie wieder Prügelstrafen erwarteten. Um 16.57 Uhr trat im Gerichtsgebäude am Hernalser Gürtel das Standgericht unter dem Vorsitz des ehemaligen Militärrichters Hanel, der auch 1918 bei der Verurteilung der meuternden Matrosen von Cattaro dabei war, zusammen. Weissel übernahm die volle Verantwortung für die Vorgänge in der Feuerwache und entlastete alle seine Kollegen als bloße Befehlsempfänger; so wurde nur er allein vor das Standgericht gestellt. Hauptbelastungszeuge war Branddirektor Wagner, der dem Angeklagten „Dienstverweigerung und Auflehnung“ vorwarf. Dazu kam ein Schutzbündler, der behauptete, Weissel habe das Kommissariat mit Chlorgas ausräuchern wollen – eine Beschuldigung, gegen die sich der Angeklagte heftig wehrte. Sonst aber bereue er seine Tat nicht, bereue nur, dass viele schuldlose Männer in die Sache hineingezogen worden seien.

Der Vorsitzende verkündete das Todesurteil; der alte Militärrichter sagte dabei, „Pulver und Blei“ hätte er vorgezogen, doch erlaube das Gesetz nur den Strang. Aus dieser Bemerkung schon war die Hochachtung abzulesen, die Weissels Persönlichkeit dem Richter einflößte. Sie zeigte sich auch, als der Standgerichtshof einhellig beschloss, ein Gnadengesuch Weissels zu befürworten (Berufung gab es gegen das Urteil nicht). Einzig der Staatsanwalt Hofrat Wachsmann lehnte dies ab (er starb übrigens in einem Nazi-KZ). Aber Schuschnigg verweigerte den Antrag auf das Gnadensgesuch. In der Todeszelle musste Frau Weissel mit ihrem vierjährigen Sohn von ihrem Mann Abschied nehmen, in einem letzten Brief an seine Eltern entschuldigte er sich bei ihnen, dass er ihnen so großen Schmerz bereiten musste. Aber: „Dir, mein lieber Vater, sage ich: Unsere Sache wird doch siegen. Ich sterbe nicht umsonst.“

Der Fall Karl Münichreiter

Am 14. Februar 1934 führte ein Justizbeamter Leopoldine Münichreiter, die von der Polizei ohne nähere Details aufgefordert worden war, ins Wiener Landesgericht zu kommen, in einen großen kahlen Raum, in dem ein Kruzifix an der Wand hing. Es war – aber das wusste sie noch nicht – die Todeszelle ihres Mannes Karl. Dieser saß, von zwei Beamten links und rechts gestützt, auf einer Bank. Er trug Sträflingsgewand, das auf der linken Seite und am linken Ärmel aufgeschlitzt war, um Platz zu machen für den Verband um den Körper und den Arm. Blut sickerte durch. Leopoldine schien ihr Mann über Nacht ergraut, er hatte fiebrige Augen und sah so krank aus, dass die kleine Tochter, die die Frau mitgebracht hatte, sich weigerte, in ihm den Vater zu sehen.

„Weißt du, was mir bevorsteht?", fragte Karl Münichreiter seine Frau. Sie wusste es nicht, man hatte ihr auch nicht gesagt, dass ihr Mann von einem Standgericht angeklagt war. „Ich muss es dir sagen, ich sterbe keines natürlichen Todes. Ich sterbe, denn einer muss es ja sein, aber das macht mir nichts aus, ich wäre ja sowieso ein Krüppel. Das Schwerste für mich ist, dass ich dich mit den Kindern zurücklassen muss … Erzieh die Kinder in meinem Sinn, du weißt schon, was ich meine …" Als ein Priester erschien, wandte sich der Verletzte ab und sagte zu seiner Frau: „Du weißt ja, wie ich über diese Dinge denke." Dann musste die Frau gehen. Beim Nachhausefahren kaufte sie eine Extraausgabe der Zeitung „Telegraph", las sie jedoch erst, nachdem sie die Kinder schlafen geschickt hatte. Da stand, dass Karl Münichreiter zum Tod verurteilt war. „Erst da begriff ich den Sinn der Worte meines Mannes", gestand die schockierte Frau.

Karl Münichreiter, geboren 1891, hatte das Schuhmacherhandwerk erlernt, war dann, an der russischen Front schwer verwundet, wieder genesen in die Munitionsfabrik Wöllersdorf abkommandiert worden, fand danach im Keller eines Hauses in der Auhofstraße im Nobelbezirk Hietzing eine Bleibe. Das Leben mit seiner Frau und den drei Kindern, die sich einstellten, glich dem Tausender Wiener Proletarierfamilien. Karl Münichreiter war schon 1913 Mitglied der Sozialdemokratischen Partei geworden. Dem nach dem Krieg gegründeten Schutzbund wollte er vorerst nicht beitreten – nach seinen Kriegserlebnissen wollte er keine Waffe mehr in die Hand nehmen. Nach den Schrecknissen des 15. Juli 1927 änderte sich seine Haltung. Mit seiner Fronterfahrung wurde er Kompaniekommandant im Hietzinger Schutzbund.

Am 12. Februar mittags wurde der Schutzbund in Ober-Sankt-Veit (einem Ortsteil des Bezirks) alarmiert. Waffen wurden aus den Verstecken geholt. Man traf sich im Kinderfreundeheim auf dem Goldmarkplatz; von den etwa 200 Schutzbündlern des Bezirks waren nur 47 Mann gekommen. Sie beobachteten, wie Polizisten entlang dem nahen Bahndamm herankrochen und dann auf das Heim – mehr oder weniger eine Baracke – schossen. Die Schutzbündler erwiderten das Feuer, der Polizeikommandant wurde verwundet. Bald aber war das unter Dauerbeschuss liegende Lokal nicht mehr zu halten. Die Kämpfer wollten sich auf den nahen Roten Berg, einen Wienerwald-Ausläufer, zurückziehen. Unter permanentem Schusswechsel wurde der Rückzug gedeckt. Münichreiter sollte mit zwei anderen die Nachhut bilden. „Das Gelände bot wenig Schutz", berichtete Johann Scheifele, einer der drei. „Ich ging als letzter, oft mussten wir uns in den Schneematsch werfen. Dann sah ich, wie der Franz Mück vor mir plötzlich hinfiel (es war ein Kopfschuss). Der Münichreiter ist ein paar Schritte zurück und wollte ihm aufhelfen, dabei hat es ihn selbst erwischt." Nun erfolgten die Festnahmen durch die Polizei. Im Polizeigefangenenhaus gab es Prügel, und es wurde ihnen gesagt, der Münichreiter sei tot, „worauf sich bei der Einvernahme einige auf ihn ausgeredet haben".

Doch Münichreiter war auf der Tragbahre aus dem Spital

zur Gerichtsverhandlung ins Landesgericht 2 gebracht worden. Der Pflichtverteidiger verlangte die Einstellung des Verfahrens wegen Verhandlungsunfähigkeit. Das Gericht lehnte den Antrag ab, weil der Arzt angab, Münichreiter sei nicht schwer krank, sondern „nur schwer verwundet". Während die anderen neun Angeklagten an das normale Gericht abgetreten wurden, kam Münichreiter vor das Standgericht. Dieses verhängte das Todesurteil, und Münichreiter wurde auf der Tragbahre in das Landesgericht 1 gebracht, wo die Hinrichtungen stattfanden.

Bundeskanzler Dollfuß soll schon ungeduldig auf das Todesurteil gewartet haben, er wollte ja Exempel zur Abschreckung statuieren. Am späten Nachmittag wurde die telefonische Nachricht ans Kanzleramt durchgegeben: „Todesurteil um 16 Uhr 45 vollstreckt, kein Anstand, alles glatt gegangen. Staatsanwalt Dr. Höllriegel." Unter den Sozialdemokraten, aber auch überhaupt in der Bevölkerung, nahm man es mit Entsetzen zur Kenntnis, als bekannt wurde, dass Münichreiter schwer verletzt zum Galgen geschleppt worden war. Justizminister Schuschnigg redete sich später aus, er habe von der Verletzung nichts gewusst.

Frau Dollfuß genierte sich nicht, einige Zeit danach bei Leopoldine Münichreiter anzufragen, ob sie vielleicht einen Hausbesorgerposten wolle, um ihre Kinder durchzubringen. Die Witwe warf sie hinaus. Sie nahm auch kein Geld von der Kirche und ging nicht zu den „Versöhnungsfeiern" der „Schwarzen". Später, als sie – schon über Vermittlung der illegalen „Roten Hilfe" nach Frankreich geflohen – vom Mord der Nazis am Kanzler hörte, sagte sie: „Jetzt wird die Frau Dollfuß verstehen, wie es ist, wenn einem der Mann genommen wird." Wie viele andere Schutzbündler und deren Angehörige fand sie in der Sowjetunion Asyl; in den ersten Jahren wurden sie privilegiert behandelt, nach dem Hitler-Stalin-Pakt war das zu Ende. Die beiden jüngeren Kinder befanden sich bei Hitlers Angriff auf die Sowjetunion 1941 gerade in einem Ferienlager in Weißrussland, sie landeten in Wien, ständig von der Gestapo überwacht, der Älteste starb in Russland im Streit mit einem Polizisten. Leopoldine Münichreiter konnte 1946 zu ihren Kindern heimkehren. „Es ist bewundernswert, wie tapfer sie alle Schicksalsschläge ertragen hat“, schrieb der ihr verbliebene jüngere Sohn Karl in einer Gedenkschrift über seinen Vater.

Stimmen zum 12. Februar

„An den Ecktürmen des Wiener Rathauses flattern die Fahnen der österreichischen Heimat … Die rote Bastille ist erstürmt, das Vorwerk des Bolschewismus in Mitteleuropa, diese Herausforderung und Drohung in Permanenz, ist aus der Bundeshauptstadt verschwunden …“

„Reichspost“ am 14. Februar 1934

„Ich sah die Resultate des Kanonenfeuers, mit dem Dollfuß die sozialistische Regierung von Wien vernichtete, eine der blutrünstigsten, unnötigsten und unentschuldbarsten Verwendungen bewaffneter Macht gegen hilflose Frauen und Kinder, die die Geschichte kennt …“ *„Chicago Daily News“*

„Warum die Sozialisten das Objekt dieses Angriffs wurden, ist immer noch ein Rätsel … Es waren doch nicht die Sozialisten, sondern die Nazis, die Bomben in ganz Österreich zur Explosion brachten … Die Unsinnigkeit, der Wahnsinn und die Gemeinheit der ganzen Angelegenheit wird mit jedem Detail offensichtlicher …“ *„New York Times“*

„Die Regierung … hat die Freiheitsrechte, die die Verfassung dem österreichischen Volke zugesichert hat, vernichtet, alle sozialen Errungenschaften der Arbeiter und Angestellten mit Füßen getreten … Elf Monate lang haben wir das Unerträgliche ertragen. Elf Monate lang alles Menschenmögliche versucht, um zu einer friedlichen, verfassungsmäßigen Entwirrung der politischen Krise zu gelangen. Aber unsere Feinde wollten den Frieden nicht ..."

„Arbeiter-Zeitung", 25. Februar 1934 (gedruckt in Brünn)

„Niemand will jenen glauben, für die der Februar 1934 einen härteren Einschnitt bedeutet hat als der Anschluss. Als nach jahrelangen Gefechten in Spanien Madrid an Franco fiel, wurde in einer Gruppe von Londoner Exilanten einer Frau der Vorwurf gemacht, dass sie keine Tränen fände. Sie sagte: ‚Ich habe schon bei Barcelona geweint.' Wir weinten in jenem Februar. Was vier Jahre später geschah, war entsetzlich, aber vorhersehbar gewesen für alle, die ihre Augen nicht verschließen wollten ..."

Hilde Spiel, „Die hellen und die finsteren Zeiten"

Schutzbündler-Schicksale

Auf viele Februarkämpfer, die den Standgerichten des Austrofaschismus entrinnen konnten, harrte dennoch ein „Tod vor der Zeit“: Sie gingen in den Folterkellern von Stalins Geheimpolizei oder in den sibirischen Zwangsarbeitslagern zugrunde, fielen im Kampf gegen den Faschismus in Spanien oder starben in Hitlers KZs.

Der Mann, der mit seinem Widerstand gegen die Zerstörer der Demokratie den Aufstand des Schutzbundes am 12. Februar 1934 auslöste, Richard Bernaschek, blieb durch seine vorzeitige Verhaftung an diesem Tag für eine Odyssee aufbewahrt, deren Ende am 19. April 1945 durch den Genickschuss eines SS-Schergen besiegelt wurde. Bernaschek war im Frühjahr 1934 zusammen mit zwei anderen Sozialdemokraten und drei Nazis die Flucht aus dem Linzer Gefängnis gelungen. In München versuchte NS-Führer Theo Habicht, ihn für die SA zu gewinnen. Aber zum Unterschied von seinen zwei Genossen kam das für Bernaschek nicht in Betracht.

Er sah in einer linken Arbeitereinheit sein politisches Ziel. Über Zürich erreichte er Moskau. Dort musste er rasch erkennen, dass es den Stalinisten nicht um Aktionsgemeinschaft, sondern um die bedingungslose Vereinnahmung der Sozialdemokraten ging. Der Untergang des Ständestaates erlaubte ihm die Rückkehr nach Oberösterreich, zumal ihm Gauleiter Eigruber politische Unbedenklichkeit bescheinigte. Aber die Verhaftungswelle nach dem 20. Juli 1944 erfasste auch ihn. Im KZ Mauthausen wurde er Opfer der Todesmaschinerie.

Vielen Schutzbündlern war die Flucht in die benachbarte Tschechoslowakei gelungen. Dort in Lagern untergebracht, bedeutete für sie das sowjetische Angebot, sie als mutige Kämpfer gegen den Faschismus aufzunehmen, eine Chance. Am 24. April 1934 traf der erste Transport in Moskau ein. Die ganze Bahnstrecke entlang bis zur sowjetischen Hauptstadt waren sie jubelnd begrüßt worden, und bei der Ankunft erwartete sie ein begeisterter Empfang. Etliche Schutzbundfunktionäre standen auf der Ehrentribüne vor dem Kreml, als am 1. Mai die Gruppe ihrer Genossen im großen Maiaufmarsch mitzog. Im Juni kam ein zweiter großer Transport, insgesamt fanden mehr als tausend Februarkämpfer in der UdSSR Asyl. Sie wurden zunächst privilegiert behandelt, Kranke und Verletzte wurden in Erholungsheimen kuriert, die meisten in den sowjetischen Arbeitsprozess zu Vorzugsbedingungen einbezogen. Viele ließen auch ihre Familien nachkommen.

Der permanente Versuch, die Sozialdemokraten unter den Aufgenommenen durch die propagandistische Verunglimpfung ihrer „verräterischen" Führer für die KP zu gewinnen, und die Bekanntschaft mit dem sowjetischen Alltag führte bei so manchem rasch zum Abbau der Illusionen, die sie sich über das Arbeiterparadies gemacht hatten. Rückkehrwillige wurden von ihren Genossen beschimpft und bedrängt, und manchem, der sich trotzdem durchsetzte, blühte in Österreich noch Gefängnishaft.

Die bitterste Zeit aber stand für die große Mehrheit, entweder, weil sie Kommunisten waren, oder sich mit den Verhältnissen abgefunden hatten, erst bevor.

Stalins große „Tschistka" verschonte auch viele Schutzbündler nicht. Man schätzt, dass für fast ein Drittel von ihnen in den Jahren 1937–1940 die Verfolgung tödlich endete, noch viel mehr waren zu jahrelanger Haft verdammt. Wie überhaupt bei diesen Säuberungswellen war bei vielen dieser Opfer die Behauptung, sie seien trotzkistische Verschwörer oder faschistische Agenten, an den Haaren herbeigezogen. Unter denen, die in den NKWD-Kellern oder den Lagern für immer verschwanden, waren auch Gustav Deutsch, der Sohn des SP-Führers Julius Deutsch (der damals General in der Armee der gegen Franco kämpfenden spanischen Republik war), und der stellvertretende Schutzbundkommandant von Floridsdorf, Heinz Roscher, der sogar in den Moskauer Gemeinderat gewählt worden war.

Gustav Deutsch war 1934 mit den Schutzbündlern nach Russland gekommen. Bereit, am sozialistischen Aufbau mitzuarbeiten, wurde er als Projektionsingenieur in die Bauverwaltung der Moskau-Donbass-Linie in Woronesch aufgenommen. Später wurde er Leiter einer Baustätte an der Turksib-Bahn. Im Oktober 1937 wurde er ohne Begründung auf einer Dienstreise festgenommen, seine Frau, eine junge Schweizerin, wurde in ihrem gemeinsamen Wohnort in Jelez verhaftet. Aus den Untersuchungsgefängnissen wurden beide schließlich nach Moskau transferiert. Gustav Deutsch brach unter den unmenschlichen Foltern zusammen und gestand schließlich, was man von ihm verlangte: Er sei Ernst Fischers Verbindungsmann zu Trotzki in Paris gewesen; durch einen Kassiber gelang es ihm, Fischer diese Schwäche zu beichten. Fischer, damals als Vertreter der KPÖ in der Komintern, war sich nicht sicher, ob ihm da nicht eine Falle vom NKWD gestellt wurde, und zeigte die auf ein zerknittertes Papier gekritzelte Mitteilung dem Komintern-Chef Dimitrow, um sich abzusichern. Gustav Deutsch wurde im Sommer 1939 hingerichtet, seine Frau Agnes wurde zu acht Jahren Arbeitslager verurteilt. Nach mehr als 15 Jahren durfte sie die Sowjetunion verlassen und konnte Fischer im Gespräch mitteilen, dass der Brief ihres Mannes echt war, denn ihr wurde das gleiche Geständnis zur Unterschrift vorgelegt, sie aber hatte standgehalten. Ihren Mann habe sie bei einer letzten Begegnung kaum erkannt, er war ein Wrack, so sehr hätten sie jede Ähnlichkeit mit sich selbst aus ihm herausgeprügelt …

Heinz Roscher, als stellvertretender Floridsdorfer Schutzbundkommandant Verteidiger des Schlingerhofs, bekannte sich nach dem Februaraufstand 1934, für dessen Niederlage er das defensive Verhalten der sozialdemokratischen Führung als eine Ursache betrachtete, als Kommunist und legte in Moskau öffentliche Bekenntnisse gegen den „Reformismus“ ab; auf diese Weise wollte die Komintern auch die in der Illegalität in Österreich tätigen Sozialdemokraten gewinnen. Roscher kam mit dem ersten Schutzbündlertransport in die Sowjetunion. Er arbeitete im „Autowerk Stalin“ und wurde als dessen Deputierter bereits im Dezember 1934 in den Moskauer Gemeinderat gewählt. Vier Jahre später, im Februar 1938, brach für Roscher und seine Familie eine Welt zusammen: In der Wohnung fand eine fünfstündige Hausdurchsuchung statt, und obwohl nichts Verdächtiges gefunden wurde, nahmen die NKWD-Agenten Roscher mit. Jahrelang wusste man nichts über sein Schicksal. Erst einer österreichischen Parlamentarierdelegation gelang es 1957 zu erfahren, dass er am 27. Mai 1938 – allerdings ohne Angabe des Todesorts – an einer Herz-Sklerose verstorben sei. Roschers Frau wurde noch im selben Jahr mit ihrem zwölfjährigen Sohn mit einem Ausweisungsbefehl der deutschen Botschaft übergeben. Heimgekehrt, blieb sie von der Gestapo überraschenderweise unbehelligt.

Dieses Glück hatten keineswegs alle ehemaligen Schutzbündler und andere Linke. Der Hitler-Stalin-Pakt des Jahres 1939 hatte zur Folge, dass viele Deutsche und Österreicher an der Grenze im besetzten Polen der Gestapo überstellt wurden, unter ihnen der jüdische Gründer der KPÖ, Franz Koritschoner; er wurde als „Trotzkist“ in den sicheren Tod im KZ abgeschoben. Aber auch so mancher Schutzbündler, vom NKWD vor die Wahl gestellt, Lager oder Abschiebung in Hitlers Reich, wählten das zweite, eine Vabanque-Spiel auf Leben und Tod.

Auf der 1.-Mai-Tribüne vor den Kremlmauern: Schutzbündler noch willkommen.

Für Spaniens Freiheit

Sehr bald nach Ausbruch der Militärrevolte gegen die spanische Republik, mit der am 17. Juli 1936 der Bürgerkrieg begann, erwachte in der europäischen Linken eine Bewegung, den Kampf gegen den Faschismus an Ort und Stelle zu unterstützen.

Auch unter den Februarkämpfern Österreichs, die entweder von der Sowjetunion aufgenommen, im österreichischen Untergrund zum Widerstand bereit oder ins westliche Ausland emigriert waren, wollten viele Freiwillige der bedrängten Republik zu Hilfe zu kommen.

Insgesamt dürften an die 2000 Österreicher, vor allem ehemalige Schutzbündler, den Weg nach Spanien gefunden haben. Viele nahmen dabei auf sich, dieses Ziel auf oft abenteuerlichen Wegen zu erreichen. Zwar bildeten Sozialisten und Kommunisten eine gemeinsame Spanienkommission, um das Freiwilligenangebot in geordnete Bahnen zu lenken, aber so mancher schlug sich völlig auf eigene Faust über Frankreich an die spanischen Fronten durch. Viele der ersten österreichischen Freiwilligen, die zusammen mit Deutschen in der „Centuria Thälmann" (benannt nach dem von den Nazis ins KZ gesteckten und 1944 ermordeten KPD-Führer) ausgebildet wurden, waren auf eigene Initiative ins Land gekommen.

In der Sowjetunion wurden die Freiwilligen genau gesiebt, es sollten nur im Sinne der KP politisch Verlässliche in den antifaschistischen Bürgerkrieg ziehen. Sie waren im politisch und militärisch ausgebildeten „Tschapajew-Bataillon" (benannt nach einem bolschewistischen Partisanenführer) zusammengefasst. Die aus der Sowjetunion kommenden Österreicher, so wurde berichtetet, befleißigten sich in Bezug auf Fragen, ihr Exil betreffend, meist großer Schweigsamkeit. Zunehmend mit der Entsendung sowjetischer „Spezialisten" wurden Sozialisten unter starken moralischen Druck gesetzt, der KP beizutreten. Heinrich Fritz (unter dem Namen Julius Schacht) war einer der Politkommissare, die nach sowjetischem Vorbild den Brigaden beigegeben wurden. Julius Deutsch, der in Brünn mit Otto Bauer das Auslandsbüro der Sozialdemokraten leitete, wurde von der spanischen Republik als General mit dem Kommando über die Küstenwache betraut; zu den Österreichern in den Interbrigaden hatte er nur gelegentlich Kontakt. Tragisch waren die Bruderkämpfe der KP mit Anarchisten und der „trotzkistischen" POUM: Der lange Arm von Stalins GPU erreichte dabei auch den Österreicher Kurt Landau.

Bei Teruel trugen die Interbrigadisten unter großen Opfern zum Sieg über die Franco-Truppen wesentlich bei. Im Zuge einer Umorganisation der Internationalen Brigaden wurde im Juni 1937 das Bataillon „12. Februar" gegründet. Dies war eine Anerkennung für den bewährten Einsatz der österreichischen Freiwilligen. Viele Österreicher aus anderen Bataillonen wurden von diesen abgezogen und der neuen Einheit eingegliedert.

Die Liste der gefallenen Österreicher, vor allem ehemalige Schutzbündler, ist lang. Der erste mit Namen bekannte war der Jungsozialist Gregor Starke, der im September 1936 bei Straßenkämpfen in Barcelona starb. Ihm folgen die Namen der vielen, die bei Teruel, bei Guadalajara, am Ebro und in anderen Kämpfen ihr Leben ließen.

Die Opfer schienen vergebens: Franco, mit tatkräftiger Unterstützung Hitlers und Mussolinis, blieb Sieger. Eine große Zahl der Spanienkämpfer, die nach Frankreich übertraten, wurde interniert. Aus dem Lager Gurs wurden nach der Besetzung Frankreichs die deutschen und österreichischen Insassen, so weit sie nicht zuvor fliehen konnten und oft in der Résistance untertauchten, an die Gestapo ausgeliefert. Viele kamen in den KZs Dachau, Buchenwald, Auschwitz ums Leben, Kranke wurden in der Euthanasieanstalt Hartheim umgebracht. Etliche der in die Sowjetunion zurückgekehrten Schutzbündler starben im Gulag. Andere wurden, als Fallschirmspringer über Hitler-Deutschland abgesetzt, getötet. „Opfer verlorener Zeiten" nannte sie der Historiker Kurt R. Stadler in seiner Geschichte der Schutzbund-Emigration. Ihrer aller Schicksalswege hatte das Jahr 1934 markiert.

Die Demontage des „Roten Wien"

Am 12. Februar 1934 in den Mittagsstunden kamen Kriminalbeamte in das Arbeitszimmer von Karl Seitz und forderten den Bürgermeister und Landeshauptmann auf, sein Büro zu verlassen. Seitz lehnte dies ab. Inzwischen besetzten Militär und Heimwehr das Wiener Rathaus. Gegen 17 Uhr drangen erneut Kriminalbeamte bei Seitz ein. Dieser protestierte telefonisch beim Polizeipräsidenten: „Ich weiche nicht dem Verfassungsbruch, ich weiche nur der Gewalt". Daraufhin trugen die Polizisten den 65-Jährigen aus seinem Arbeitszimmer, in der Folge wurde er in das Polizeigefangenenhaus eingeliefert.

Am nächsten Tag übernahm der christlichsoziale Politiker Richard Schmitz als Regierungskommissar die Geschäfte, am 7. April wurde er zum Bürgermeister ernannt und bekam drei von der Vaterländischen Front vorgeschlagene Stellvertreter – zwei Heimwehrler und den Soziologen Ernst Karl Winter (mit der Spezialaufgabe, die Arbeiterschaft zu versöhnen, ein vergebliches Unterfangen). Durch die Verfassung vom 1. Mai wurde Wien zur „bundesunmittelbaren Stadt", bedurfte also keines Landeshauptmanns mehr. Vor dem Rathaus nahm Schmitz zusammen mit Kanzler Dollfuß an diesem Tag eine „Ständehuldigung" entgegen. An Stelle des demokratisch gewählten Gemeinderats, durch die Aberkennung der sozialdemokratischen Mandate praktisch nicht mehr existent, wurde als neue gesetzgebende Versammlung eine „Wiener Bürgerschaft" ernannt. Ihre erste Amtshandlung war die Anerkennung des Verzichts auf mehr als 100 Millionen Schilling, der bereits 1933 von der Regierung durch eine Notverordnung verfügt worden war.

Schmitz kündigte ein Arbeitsbeschaffungsprogramm in der Höhe von 30 Millionen Schilling an, die Regierung zahlte aber davon nur ein Drittel aus. Damit wurde vor allem der Bau der Wiener Höhenstraße finanziert – ein Vorhaben, das bei der Masse der Wiener Bevölkerung, für die ein Automobil in jener Zeit einen ausgesprochenen Luxus darstellte, ebenso auf wenig Verständnis stieß wie die Wiedereinführung des Opernballs.

Der Bürgermeister sah sich immer wieder vor das Problem gestellt, mit den ohnedies eingeschränkten Finanzen auszukommen und gleichzeitig williges Werkzeug seiner Parteifreunde in der Regierung zu sein. Er jammerte vergeblich, dass „eine bürgerliche Verwaltung nicht in dem Maße belastet sein dürfe, wie es ihre Vorgängerin war" – womit er zugab, in welchem Ausmaß die Regierung Dollfuß seit 1932 das „Rote Wien" finanziell auszuhungern suchte. Während mit der Abschaffung der zweckbestimmten Wohnbausteuer den Mittel- und Großbetrieben Erleichterungen gewährt wurden, setzte man nun dem kommunalen Wohnbau ein Ende. Die statt dessen geforderte private Wohnbautätigkeit hielt sich in Grenzen – nicht zuletzt deshalb, weil solche neuen Wohnungen für die ganz überwiegende Mehrheit der Bevölkerung unerschwinglich waren. Den Mieterschutz getraute sich Schmitz, obwohl man damit in den Kreisen des Regimes spekulierte, allerdings nicht anzutasten.

Auch in der Sozialpolitik wurden kräftige Abstriche gemacht, wobei den Sozialdemokraten rückblickend immer wieder „Verschwendung" und „drückende Besteuerung" vorgeworfen wurde. Mit einem Sozialprogramm im Sinne der päpstlichen Enzyklika „Quadragesimo anno" war den Arbeitslosen oder gar Ausgesteuerten, oft buchstäblich in ihrer Existenz Bedrohten wenig geholfen. „Die sozialen Massennotstände … ließen die Anforderungen an die öffentliche Fürsorge

Aus seinem Amtszimmer geschleppt:
Wiens Bürgermeister Karl Seitz.

in einem bisher kaum erlebten Umfange steigen, während fast in gleichem Maße die verfügbaren Mitteln einschrumpften."

Trotz dieser Nöte wurde Schmitz den Forderungen, mit denen seine Parteigänger vor allem gegen den sozialdemokratischen Finanzstadtrat Hugo Breitner gehetzt hatten, gerecht: Die Luxussteuer und die Abgaben für Hauspersonal und Pferde wurden abgeschafft. Dagegen wurden die Massen belastet: Eine „Coloniagebühr" für die Leerung der Mistkübel, bisher von der Gemeinde gratis besorgt, wurde eingeführt, abgabenfreies Trinkwasser gab es nur mehr bei sparsamem Verbrauch bis maximal 15 Liter. Wie sehr das Regime vor allem bei den Ärmsten zu sparen verstand, zeigt die Tatsache, dass in den neu errichteten Baracken der „Familienasyle" für Obdachlose weder Strom noch Gas eingeleitet wurde. Auch wenn der Volksmund dem Bürgermeister (der dann die gesamte Nazizeit im KZ verbrachte) nicht gerecht wurde, als man in Spottversen über die Regierung reimte „Doch der böseste aller Geister ist der Schmitz, der Bürgermeister" – für die Wiener war er eben der unmittelbare Repräsentant des Regimes.

Bundeskanzler Dollfuß war sich nach der blutigen Zerschlagung der Sozialdemokratie bewusst, dass die Versöhnung mit der Arbeiterschaft gesucht werden musste, und dass vor allem Wien der Boden war, wo das vorrangig gelingen sollte. Deshalb stellte er dem Scharfmacher Schmitz einen Vizebürgermeister zur Seite, der sich vor allem dieser Aufgabe zu widmen hatte. Der Versuch, die Arbeiter als von ihren Führern, vornehmlich Otto Bauer und Julius Deutsch, irregeleitet hinzustellen, hatte kaum Erfolg. Zu fest waren ein halbes Jahrhundert des Aufstiegs der Arbeiterbewegung im Bewusstsein verwurzelt, zu tief waren die Verletzungen, die das Verbot einer Partei schlug, die so vielen Heimat und Versprechen einer glücklicheren Zukunft bedeutete.

Dollfuß glaubte in seinem Frontkameraden Ernst Karl Winter einen Mann gefunden zu haben, dem vielleicht doch das unmöglich Scheinende gelingen konnte, bei den Arbeitern

Vertrauen zum guten Willen der Regierung aufzubauen. Für den damals 39-jährigen Soziologen waren das Christliche und das Soziale keine unverbindlichen Bezeichnungen, sondern ihm ging es darum, es in der Gesellschaft umzusetzen, und er hatte Ende der zwanziger Jahre mit Interesse Kontakte zu den – in der SP freilich nur schwach verankerten – „Religiösen Sozialisten“ aufgenommen. Zwar stärkte Dollfuß die Position Winters durch dessen Ernennung zum dritten Vizebürgermeister Wiens unter Richard Schmitz, gleichzeitig aber sah sich der Mann einem zweifachen Misstrauen gegenüber: einerseits das der so tief getroffenen Sozialdemokraten, andererseits aber auch das der Heimwehr, die auf die Faust im Nacken und nicht auf Versöhnung setzte und für die der Arbeiterfreund ein verdächtiger „linker Konservativer“ blieb; hatte er ja in seinen „Wiener Politischen Blättern“ auch gegen die Auflösung des Parlaments argumentiert.

Mit dieser Zeitschrift sowie dem ihm von Dollfuß anvertrauten „Arbeiter-Sonntag“ begann Winter den publizistischen Werbefeldzug für seine Ideen. In der ersten Nummer schrieb er, zwar sei, wer zu den Waffen gegriffen habe und mit den Waffen geschlagen wurde, dem Recht des Siegers verfallen, aber: „Ein kluger Sieger hält haus mit diesem Recht“, sollte sich von Gerechtigkeit und Milde leiten lassen. Und Winter wusste angesichts der nationalsozialistischen Bedrohung auch: „Um Sein oder Nichtsein Österreichs geht es, wenn die Frage der Eingliederung der Arbeiterschaft in den Staat aufgeworfen wird.“

In diesem Geist hat Winter viel verlangt und wenig erreicht – wie die Wiederbelebung der Arbeiter-Kulturorganisationen und die Bildung eines Arbeiterbundes. In der Einheitsgewerkschaft hatte man damit wenig Freude, es wurde, wie oft in solchen Fällen, ein Arbeitskreis gebildet, in dem persönliche Rivalitäten die großen Vorhaben schrumpfen ließen. Auch in der zentralistischen Vaterländischen Front zeigte man sich den Ideen Winters, der Gewicht auf regionale Strukturen unmittelbar zu den Menschen hin legte, eher abgeneigt. An der VF kritisierte Winter etwa, dass bei deren Schulungen die Referenten nur ihre Vorträge hielten, eine Aussprache danach aber nicht erwünscht war.

Um seinen Ideen stärkeren Nachdruck zu verleihen, gründete Winter im September 1934 eine neue Zeitschrift, „Die Aktion", die sich bald als „Organ der Österreichischen Arbeiteraktion" bezeichnete. Sie setzte sich für eine selbstständige politische Arbeiterorganisation ein, weil die Arbeiter in der VF in der Regel eine Minderheit bildeten und sich nicht durchsetzen konnten. Das alles passte gar nicht in das Konzept seiner Gegner. Mit Dollfuß hatte er seinen Protektor verloren, und bald tauchten Gerüchte über die Auflösung des Arbeitskreises auf. Dazu kam, dass sein monarchistischer Traum von einem Großösterreich, bei einem Besuch der Tschechoslowakei unverhohlen geäußert, der Regierung peinlich war. Kanzler Schuschnigg wollte ihn loswerden. Die „Aktion" wurde wegen einer Glosse konfisziert, dann verboten, und schließlich wurde Winter 1936 auch als Vizebürgermeister „beurlaubt". Die VF hatte inzwischen eine „Soziale Arbeitsgemeinschaft" (SAG) gegründet; schon in deren Namen war der „gefährliche" Begriff Arbeiter getilgt. Im seinem Verhältnis zur Arbeiterschaft konnte Schuschnigg bis zuletzt nicht über den austrofaschistischen Schatten springen.

Eine Verfassung des Verfassungsbruchs

Engelbert Dollfuß war fest entschlossen, den Parlamentarismus in Österreich nicht wiedererstehen zu lassen. In seiner Rede auf dem Trabrennplatz am 11. September 1933 kündigte der Kanzler die Ersetzung der von den politischen Parteien getragenen Demokratie durch einen „Ständestaat" an. Die Ideen dazu kamen vor allem von dem österreichischen Universitätsprofessor Othmar Spann, einem scharfen Gegner des Marxismus, der den Staat auf berufsständischer Grundlage ummodeln wollte; in seinem Buch „Der wahre Staat" verlangte er eine autoritäre Staatsführung. „Nicht mehr die verständnislosen unbelehrten Massen wählen sich ihre Führer, sondern die Führer der mannigfach gegliederten Massen wählen sich ihre Oberführer", fasste Spann seine Absage an die Demokratie zusammen. Auch aus der katholischen Soziallehre des Freiherrn Karl von Vogelsang und aus der Enzyklika „Quadragesimo anno" von Papst Pius XI. (1931) holten die Verfassungsmacher ihre Anregungen. Über die Heimwehr, die dem Parlamentarismus in ihrem „Korneuburger Eid" öffentlich abgeschworen hatte, drängte Mussolini auf ein faschistisches Österreich.

Dollfuß gewann den früheren Bundeskanzler Otto Ender, einen Vorarlberger Christlichsozialen, der den Ruf eines gemäßigten Politikers hatte, für die Ausarbeitung eines Verfassungsentwurfs. Aber der vorgelegte Text war noch gar nicht nach dem Geschmack des ganz auf autoritären Kurs eingeschwenkten Regierungschefs. „Österreich ist eine berufsständische Republik“, hatte Ender formuliert. Das Wort „Republik“ musste sofort verschwinden. Der Artikel 1 der Verfassung lautete nun: „Österreich ist ein Bundesstaat. Der Bundesstaat ist berufsständisch geordnet und besteht aus der bundesunmittelbaren Hauptstadt Wien und den Bundesländern.“ Es ist zu zeigen, dass die politische Wirklichkeit schon diesen Aussagen in keiner Weise entsprach.

Die vom Parlament 1918 vorgelegte, von Hans Kelsen endformulierte Verfassung hatte in ihrem Artikel 1 bestimmt: „Österreich ist eine demokratische Republik. Ihr Recht geht vom Volke aus.“ Damit war kein autoritärer Staat zu machen. So stellte man der neuen Verfassung eine Präambel voran: „Im Namen Gottes, des Allmächtigen, erhält das österreichische Volk für seinen christlichen deutschen Bundesstaat diese Verfassung.“

Das Regime war bemüht, der Verfassung ein Mäntelchen umzuhängen, das irgendwie die Blößen ihres diktierten Zustandekommens bedecken sollte. So lange das Parlament noch intakt war, hätte ein solches Gesetz keine Chance gehabt, die notwendige Zweidrittelmehrheit zu erhalten. Nach den Ereignissen des 12. Februar 1934 waren den Sozialdemokraten alle ihre Mandate in sämtlichen formell noch bestehenden demokratischen Volksvertretungen aberkannt worden. Nun konnte sich die Regierung eine Vorgangsweise erlauben, die selbst der Dollfuß-Nachfolger Bundeskanzler Kurt Schuschnigg in seinen Memoiren als „parlamentarische Farce“ bezeichnet hat. Ausgetüftelt wurde sie von jenem Sektionschef Robert Hecht, der auch das kriegswirtschaftliche Ermächtigungsgesetz aus der Kaiserzeit ausgegraben hatte, mit dem Dollfuß seit Ausschaltung des Parlaments regierte. Nunmehr wurde der Rumpf-Nationalrat, bestehend aus Christlichsozialen, Heimwehr, Landbund und Großdeutschen, dazu eingeladen, sich selbst abzuschaffen, um so die rechtsstaatliche Kontinuität zu wahren. Zu diesem zynischen Schauspiel waren bloß 76 fast

Das Wappen der demokratischen Republik …

… gegen den habsburgischen Doppeladler ausgetauscht.

nur christlichsoziale und Heimwehr-Abgeordnete, also nicht einmal die Hälfte der 1930 gewählten, erschienen; sie beschlossen die Verfassung gegen zwei Stimmen der Großdeutschen. Von der für eine Verfassungsänderung vorgesehenen Volksabstimmung war natürlich keine Rede: Es war eine Verfassung des Verfassungsbruchs.

Die am 1. Mai 1934 verkündete Verfassung war darauf abgestimmt, dass alle Macht bei den Regierungsmitgliedern und letztlich beim Bundeskanzler lag. Für die Gesetzgebung wurden vier „vorberatende Organe" – Staatsrat, Länderrat, Bundeswirtschafts- und Bundeskulturrat – geschaffen, deren selbstverständlich regimetreue Mitglieder aber nicht gewählt, sondern vom Bundespräsidenten ernannt wurden. Die Regierung war keineswegs an die Stellungnahmen dieser „Räte" gebunden. Der Bundespräsident sollte nicht vom Volk, sondern von den Bürgermeistern aller Gemeinden aus einem Dreiervorschlag gewählt werden. Formell als beschließende Organe konzipiert, hatten Bundestag und Bundesversammlung keine reale Macht; ihre Mitglieder waren nicht gewählt, und sicherheitshalber erhielten sie auch keinerlei Immunitätsrechte.

Statt der Parteien gab es die politische Dachorganisation der Vaterländischen Front, statt der Richtungsgewerkschaften eine regierungskonforme Einheitsgewerkschaft. Ziel war die nach „Ständen" (Berufsgruppen) gegliederte Vereinigung von Arbeitgebern und Arbeitnehmern, Streiks und Aussperrungen wurden gesetzlich verboten.

Die geplanten sieben „Stände" sollten die Arbeitgeber- und Arbeitnehmerorganisationen der jeweiligen Berufsgruppen verbinden – ein Ziel, das nur bei zwei davon erreicht wurde, nämlich beim Öffentlichen Dienst und in der Land- und Forstwirtschaft. Die Angehörigen der ersten waren ohnedies völlig dem Regime ausgeliefert, bei den Gutsbesitzern und Bauern gab es noch die von Dollfuß als Ideal hingestellten patriarchalischen Verhältnisse, in denen der Bauer das Sagen über sein Gesinde hatte. Selbst der Heimwehrführer und Sozialminister Odo Neustädter-Stürmer war sich im Klaren darüber, dass den Arbeitern ihre eigenständigen Organisationen nicht weggenommen, sondern nur unter Regierungskuratel gestellt werden konnten. Auch das gelang insofern nicht, als sogar die ehemals christlichsozialen Arbeitnehmervertreter gegen den Stachel löckten und überdies die illegale Linke in der Spätzeit des Ständestaats die Einheitsgewerkschaft erfolgreich infiltrieren konnte.

Der von der Verfassung proklamierte „Bundesstaat" war ein Widerspruch in sich, da die Autonomierechte der Länder (wie auch der Gemeinden) beseitigt wurden. Auch auf diesem Gebiet war es mit dem „Ständestaat" nicht weit her, da die berufsständische Beschickung der Landtage nie verwirklicht wurde. Die Landeshauptleute wurden von der Regierung ernannt, die 1933 eingeführten Sicherheitsdirektoren blieben als Wachhunde an ihrer Seite.

Um das im Herzen immer noch „rote" Wien ganz unter seine Fittiche zu bekommen, begnügte sich das Regime nicht allein mit der Vertreibung der sozialdemokratischen Gemeindeverwaltung, sondern nahm der nun „bundesunmittelbaren" Stadt auch den Status eines eigenen Bundeslandes. Der vom Bundespräsidenten zu ernennende Bürgermeister konnte vom Bundeskanzler jederzeit abberufen werden, Vizebürgermeister und Magistratsdirektor bedurften der Zustimmung des Kanzlers.

Nachdem der demokratisch gewählte Wiener Bürgermeister Karl Seitz aus seinem Amt buchstäblich weggeschleppt worden war, wurde, zunächst als Bundeskommissär, dann Bürgermeister, der christlichsoziale Scharfmacher Richard Schmitz eingesetzt. Als einer der drei Vize sollte der idealistische Ernst Karl Winter die Arbeiterschaft gewinnen. Als sich dies als undurchführbar erwies, weil er an echten Versöhnungsmaßnahmen gehindert wurde, wurde er abserviert.

Nach den Worten des Bundestagspräsidenten Rudolf Graf Hoyos sollte die Verfassung in Überwindung von Demokratie und Marxismus „auf den starken Fundamenten wahrer christlicher Lebensauffassung, nach den Richtlinien der Enzyklika ‚Quadragesimo anno' und nach dem großen Vorbild faschistischer Staatsgestaltung ein neues festes Haus" bauen. Es war – ohne Zustimmung des Volkes – auf Sand gebaut.

Der Mord im Kanzleramt

Die Vorgeschichte des Nazi-Juliputsches von 1934 ist eine des Dilettantismus und der Intrigen auf Seiten der illegalen Nationalsozialisten und der Sorglosigkeit und Schlamperei auf Seiten der Regierung und der Behörden. Schon 1933, nach dem Verbot der NSDAP im Juni, arbeitete eine Gruppe von Nazis in der Wiener Polizei einen Plan für einen Putsch zum Sturz der Regierung Dollfuß aus. An der Spitze der Verschwörer stand der Kommandant der Alarmabteilung, Leo Gotzmann, der in der Polizei eine NS-Zelle aufgebaut hatte, die rund tausend Mitglieder umfasste. Von der Landesleitung der NSDAP kam jedoch die Mitteilung, dass der „Führer" keine Zustimmung gab, weil die außenpolitische Lage dafür nicht reif sei. So wurde der Plan auf Eis gelegt.

1933 wurden die Mitglieder des 1930 gegründeten NS-Soldatenbundes aus dem Bundesheer entlassen. Die von Fridolin Glass in sechs Kompanien aufgebaute illegale „Militärstandarte" wurde zunächst der SA unterstellt, aber Anfang 1934 von Himmler als Standarte 89 der SS eingegliedert. Dies führte zu Spannungen mit dem SA-Chef Hermann Reschny, die, als die SS-Führer Glass und Otto Gustav Wächter auf den Putschplan zurückgriffen, darin gipfelten, dass Reschny über Mittelsmänner die Generaldirektion für öffentliche Sicherheit davon informierte. Diese und andere Hinweise verloren sich aber auf dem Amtsweg.

Vom deutschen „Generalinspekteur" Habicht nach München berufen, ließen sich Glass und Wächter die Putschpläne genehmigen. Habichts Stabschef Weydenhammer fuhr nach Rom und fand dort bei dem christlichsozialen früheren steirischen Landeshauptmann Anton Rintelen, den Dollfuß auf den Gesandtenposten abgeschoben hatte, die Bereitschaft, als neuer Bundeskanzler eine Regierung mit Nationalsozialisten zu bilden. Allerdings wies Rintelen darauf hin, dass Hitler bei seinem ersten Treffen mit Mussolini in Venedig (14./15.Juni) offenbar bei diesem keine Bereitschaft gefunden hatte, auf die österreichische Regierung für eine Versöhnung mit den Nazis einzuwirken. Der „Duce" lud Dollfuß unmittelbar nach dem Treffen mit Hitler zu einem Sommerurlaub nach Riccione ein. Trotzdem verfolgten die Putschisten weiter ihren Plan.

Wie unkoordiniert deren Vorhaben war, zeigt sich daran, dass die SA in Wien nicht in Alarmzustand versetzt wurde (wozu die Röhm-Affäre im „Reich", bei der am 30. Juni die SA-Spitze liquidiert wurde, beitrug), und dass eine SS-Standarte 11 plante, auf eigene Faust auf Dollfuß' Auto am Michaelerplatz einen Handgranatenanschlag zu verüben. Auch war Glass-Wächters Putschplan darauf abgestellt, dass die gesamte Regierung auf einen Schlag in Geiselhaft genommen würde und danach sowohl Polizei als auch Bundesheer dem neuen Bundeskanzler Rintelen widerstandslos gehorchen würden; mit der Heimwehr glaubten die Nazis gegebenenfalls selbst fertig zu werden. Habicht, mit dem Hitler unzufrieden geworden war, wollte sich den „Erfolg" eines „kalten Putschs" ohne Blutvergießen allein auf seine Fahnen heften. Denn obwohl es keine Quellen dafür gibt, dass Hitler das Vorhaben guthieß oder auch verbot, hätte er eine Beseitigung des anschlussfeindlichen Dollfuß-Regimes zweifellos als Triumph seiner „Bewegung" in Anspruch genommen.

Eine neuerliche Anzeige aufgrund der Geschwätzigkeit eines SS-Mitverschwörers am 24. Juli wurde von der Polizeidirektion nur mit Aufforderung der Torwache zu verstärkter Wachsamkeit am Ballhausplatz beantwortet. Das Regime war nach wie vor auf Jagd nach den Roten: Am 15.Juli waren bei einer Poli-

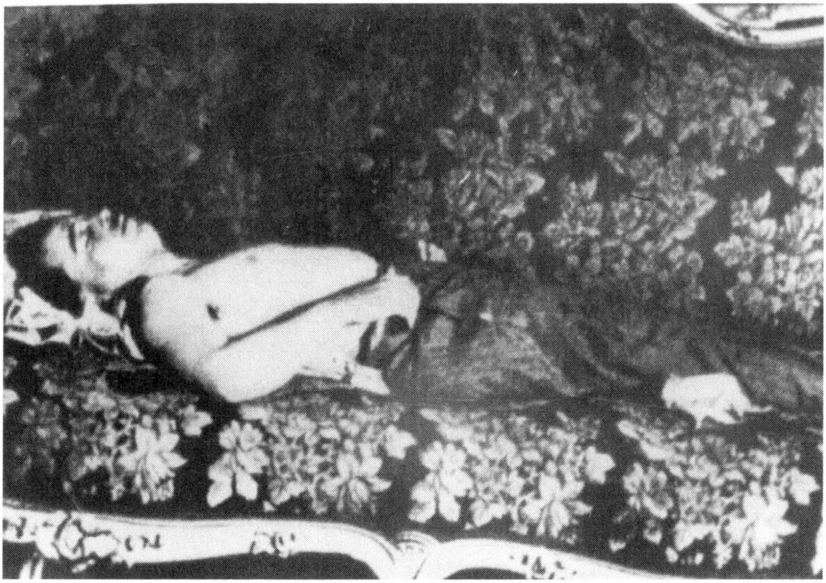

Ohne Arzt und ohne Priester an den Verletzungen verblutet: Engelbert Dollfuß.

zeiaktion gegen eine sozialdemokratische Versammlung im Wienerwald (bei der die junge Rosa Jochmann sprach), zwei Arbeiter getötet worden, und am 24. Juli wurde der 22-jährige Josef Gerl wegen versuchter Sprengung einer Bahnsignalanlage standrechtlich gehenkt. „Danken wir Gott, dass es kein Nazi war“, kommentierte der Kanzler die Hinrichtung. Einen Tag später wurde er ein Opfer der Nazis.

Am 25. Juli 1934 morgens wurde der Revierinspektor Johann Dobler, einer der vielen Wiener Polizisten, die auch nach dem Verbot der NSDAP mit dieser sympathisierten, von einem Gesinnungsfreund aus der Kriminalpolizei angerufen, dass in wenigen Stunden der „Aktionsplan“ zum Sturz der Regierung Dollfuß realisiert werden sollte. Dobler, offenbar zwischen seinem Amtseid und seinen politischen Präferenzen hin und her gerissen, beschloss, das nicht seinen Vorgesetzten zu melden, von denen er nicht sicher war, ob sie Nazis wären, sondern das Büro der Vaterländischen Front anzurufen: er wolle deren Bundesleiter im Café Weghuber beim Volkstheater eine wichtige Mitteilung machen. Dort nahm man den Anruf offenbar nicht ernst. Nach langem Warten wandte sich Dobler an einen eintretenden höheren Funktionär der Heimwehr und gab diesem sein Geheimnis preis. Der gab die Warnung an andere Stellen weiter, und sie erreichte schließlich den Heimwehrführer Major Emil Fey, den Dollfuß vom Vizekanzler zum Sonderkommissär für Sicherheitsfragen degradiert hatte. Fey wollte die Nachricht erst überprüfen lassen. Kriminalbeamte wurden ausgeschickt, und man kam zum Schluss, dass in der Tat etwas im Gang sei.

Fey war inzwischen in die Ministerratssitzung gefahren. Sein Adjutant konnte ihn erst dort vom Ernst der Bedrohung informieren. Fey unterrichtete nun zuerst den Kanzler. Dieser verfügte daraufhin sofort, dass die Minister sich in ihre Büros begeben sollten. Nur Fey und der Staatssekretär Carl Karwinsky blieben bei Dollfuß im Kanzleramt. General Wilhelm Zehner erhielt den Auftrag, das Bundesheer in Alarmbereitschaft zu setzen. Der Polizeipräsident Eugen Seydel wurde angewiesen, das Kanzleramt zusätzlich abzusichern. Aber diesen hatte die Nachricht erreicht, dass die illegale SS auf dem Michaelerplatz einen Anschlag auf Dollfuß' Auto vorbereitete; er ließ zunächst diese Örtlichkeit stärker bewachen. Dass die Terroristen wegen des nun in Angriff genommenen Vorhabens, die gesamte Regierung in Geiselhaft zu nehmen, zurückgepfiffen wurden, blieb der Polizei verborgen.

Die SS-Führer Glass und Wächter hatten bereits um 8 Uhr die Alarmbefehle an die Aktionsmannschaften ausgegeben. Sie sollten sich in der Halle des Deutschen Turnvereins in der Siebensterngasse sammeln. An die mehr als 150 Angehörigen der SS-Standarte 89, wegen ihrer NSDAP-Zugehörigkeit entlassene Bundesheersoldaten, aber auch aktive Polizisten, wurden dort Uniformen und Waffen ausgegeben. Die Lastwagen, die sie zum Ballhausplatz bringen sollten, waren von dem Anwalt Hanns Blaschke (1943–1945 Wiener Bürgermeister) organisiert worden.

Der Nachrichtendienst der Nazis funktionierte noch schlechter als jener der Polizei: Sie erfuhren nichts davon, dass Dollfuß die anderen Regierungsmitglieder kurz nach 12 Uhr in ihre Ministerien geschickt hatte.

Der von den Nazis als Nachfolger im Kanzleramt ausersehene frühere christlichsoziale steirische Landeshauptmann Anton Rintelen saß bereits, inkognito als „Herr Williams" angemeldet, im Hotel Imperial und wartete auf den Ruf an die Spitze des Staates; Weydenhammer, der Stabsleiter des Reichsdeutschen Habicht, des „Generalinspekteurs" der österreichischen NSDAP, vergewisserte sich durch einen Besuch im Hotel der Bereitschaft des krankhaft ehrgeizigen Politikers (den schon der gescheiterte Heimwehr-Putschist Walther Pfrimer 1931 als Kanzler im Sinn hatte).

Um 12.45 Uhr – gegenüber dem Aktionsplan verspätet – setzte sich die Kraftwagenkolonne mit den SS-Putschisten in Bewegung. Um 12.53 Uhr waren sie am Ballhausplatz. Die

Flügeltüren des Kanzleramtes standen weit offen, weil um diese Zeit die Ehrenwache des Bundesheeres täglich abgelöst wurde. Die Torposten hielten die Uniformierten für die von Karwinsky angeforderte Polizeialarmabteilung. Dieser sah vom Fenster im Stock die keineswegs vorschriftsmäßig adjustierten Männer, die aus den Lastautos sprangen, und wusste, dass der Putschversuch bereits begonnen hatte. Das Tor wurde verriegelt, die Wache wurde entwaffnet, und alle Beamten im Haus mussten sich im Hof des Gebäudes unter Bewachung versammeln. Der für die Aktion im Kanzleramt ausersehene Fridolin Glass war allerdings nicht mehr in das Gebäude gekommen. Als die die Kolonne beobachtenden Kriminalbeamten den letzten Wagen stoppen wollten, sprang er ab und konnte entkommen (so jedenfalls seine Darstellung). Er erstand in einem Kaufhaus einen neuen Hut und Mantel und begab sich auf den Ballhausplatz, wo bereits die Gegenaktion der Exekutive angelaufen war.

Drei Putschisten, die ehemaligen Heeresangehörigen Paul Hudl, Franz Holzweber und Otto Planetta, führten die Durchsuchung der Stockwerke des Gebäudes. Planetta stürmte mit seinen Leuten über die Stiegen zu den Räumen im ersten Stock, wo der Ministerrat zu tagen pflegte. Unmittelbar zuvor hatte Staatssekretär Karwinsky den Bundeskanzler in ein anderes Stockwerk bringen wollen, als der Portier Eduard Hedvicek Dollfuß am Arm packte, um ihn über eine Wendeltreppe ins Staatsarchiv in Sicherheit zu bringen, weil zu vermuten war, dass die Putschisten den Nebenausgang zum Minoritenplatz noch nicht besetzt hatten. In diesem Augenblick, kurz nach 13 Uhr, stießen sie mit den Aufrührern, angeführt von Planetta mit der Pistole im Anschlag, zusammen. Kurz nach dem Ruf „Hände hoch!“ feuerte Planetta auf die ihm entgegenkommenden Männer. Dollfuß stürzte getroffen nieder. (Später, bei der Obduktion des Leichnams des Kanzlers, ergab sich, dass noch ein zweiter Schuss Dollfuß getroffen hatte. Wer ihn abgegeben hat, konnte nie geklärt werden.) Der offensichtlich schwer ver-

Die Falschmeldung über den Regierungsputsch ging noch über den Äther. Dann wurde die Ravag von der Polizei gestürmt.

wundete, stark blutende Kanzler wurde nach einiger Zeit, in der ein Notverband aufgetrieben worden war, auf eine Stilbank gelegt. Die Gerichtsmediziner stellten später fest, dass Dollfuss infolge einer Durchschussverletzung der Hals- und Brustgegend durch Verblutung gestorben ist. Die ungeklärte zweite Schussverletzung war leichten Grades. Laut Planettas Aussage wurde die Frage, ob sich im Haus ein Arzt befinde, verneint. Der Wunsch des sterbenden Dollfuß, einen Priester zu holen, wurde von den Putschisten abgelehnt.

Um die gleiche Zeit drang eine Gruppe von Putschisten unter Führung von Johann Domes in das Funkhaus der Ravag in der Johannesgasse ein. Der Posten am Eingang wurde niedergeschossen. Der Radiosprecher wurde gezwungen, die Botschaft der Putschisten zu verlesen. Wer Radio hörte, vernahm „Die Regierung Dollfuß ist zurückgetreten. Dr. Rintelen hat die Regierungsgeschäfte übernommen."

Die Polizei reagierte hier schnell. Schon eine Viertelstunde nach dem Überfall wurden die Fenster mit Maschinengewehren beschossen, Handgranaten wurden geworfen, und die Polizei stürmte das Gebäude. Die Aufrührer ergaben sich und wurden verhaftet, vier Menschen – ein Putschist, ein Polizist, ein Ravag-Angestellter und ein Schauspieler – kamen ums Leben. Die Sendeeinrichtungen waren schwer beschädigt, so dass zunächst mehrere Stunden über Radio Wien nur Musik zu hören war. Für die SA in den Bundesländern allerdings war die Mitteilung, dass Rintelen neuer Kanzler sei, das Signal zum bewaffneten Aufstand.

Inzwischen hatte Bundespräsident Miklas, der auf Urlaub in Kärnten weilte und auf den zwar ein Anschlag im Putschplan vorgesehen war, aber nicht ausgeführt wurde, den im Verteidigungsministerium zusammengetretenen Rumpfministerrat beauftragt, alle Maßnahmen zur Wiederherstellung der Ordnung und zur Sicherung von Staat und Regierung zu treffen. Justiz- und Unterrichtsminister Kurt Schuschnigg wurde mit der provisorischen Leitung der Regierungsgeschäfte betraut.

Auf seine Weisung hatten Einheiten der Polizei und des Bundesheeres das Kanzleramt umstellt.

Die Putschisten holten Emil Fey zu dem tödlich getroffenen Dollfuß. Fey war von ihnen ausersehen, Verhandlungen mit der Regierung aufzunehmen. Er befand sich zweifellos unter Druck, andererseits soll ihm von den Putschisten angeboten worden sein, in eine Regierung Rintelen als Sicherheitsminister einzutreten. Die zwielichtige Rolle Feys blieb ungeklärt; gerüchteweise wurde er sogar, sicher zu Unrecht, mit dem zweiten Schuss auf Dollfuß in Zusammenhang gebracht. Laut Bericht des Vize-Polizeipräsidenten Michael Skubl wurde er von Fey um 16.35 Uhr angerufen, und dieser teilte ihm mit, dass Dollfuß wünsche, jedes weitere Blutvergießen zu vermeiden; er habe seine Funktion als Bundeskanzler niedergelegt und übertrage die Bildung der neuen Regierung dem Gesandten Rintelen. Dies solle über das Radio verlautbart werden. Skubl leitete diese Mitteilung Feys an Schuschnigg weiter, dieser erklärte sofort, die Erklärung werde keinesfalls veröffentlicht. Rintelen wurde auf Veranlassung Schuschniggs aus dem Hotel Imperial geholt und in einem Zimmer des Verteidigungsministeriums eingesperrt. Später sprach Fey auch mit Heeresminister Neustädter-Stürmer, wurde aber von diesem darauf hingewiesen, dass Miklas keineswegs Rintelen, sondern Schuschnigg provisorisch mit der Führung der Geschäfte betraut habe.

Um 16.15 Uhr erlag Engelbert Dollfuß seinen schweren Verletzungen. Er hatte Fey zuvor noch gebeten, Mussolini zu ersuchen, sich seiner Frau und seiner Kinder anzunehmen. Schuschnigg und die anderen Minister hatten inzwischen mit dem Polizeipräsidenten beraten, wie die Gefangenen im Kanzleramt ohne Gefährdung ihres Lebens befreit werden könnten. In diesem Zusammenhang spielte die Frage, wie es um den – nach Angaben Feys schwer verletzten – Bundeskanzler stand, eine entscheidende Rolle.

Gegen 17.30 Uhr begaben sich Neustädter-Stürmer und

General Zehner auf den Ballhausplatz, um mit den Offizieren von Polizei, Heer und Heimatschutz über das weitere Vorgehen zu beraten. Auf dem Balkon des Kanzleramts erschien dann Emil Fey, begleitet von bewaffneten Putschisten. Er wollte eine Mitteilung machen, wurde aber von Neustädter-Stürmer sofort unterbrochen. Dieser erklärte: „Ich bin von der Regierung beauftragt, den Aufständischen ein Ultimatum zu stellen. Wenn das Gebäude binnen zwanzig Minuten geräumt wird, so wird den Aufrührern freier Abzug an die deutsche Grenze gewährt, sonst lasse ich das Bundeskanzleramt mit Waffengewalt stürmen." Vor Ablauf der gesetzten Frist kam Fey erneut auf den Balkon, um im Auftrag der Putschisten Einzelheiten für das freie Geleit – Abtransport unter militärischer Bedeckung – auszuhandeln. „Ich verbürgte mich mit meinem Soldatenwort, dass das freie Geleit eingehalten würde", berichtete der Heeresminister später. Die Frist für die Kapitulation der Aufrührer wurde verlängert. Sie ließen Fey frei. Inzwischen war der deutsche Gesandte Rieth auf dem Ballhausplatz erschienen und fragte, ob seine Intervention gewünscht sei – ein Hinweis darauf, dass Berlin sehr wohl von den Putschplänen wusste. Die Einmischung des Gesandten wurde abgelehnt.

Um die Frage, wann die Regierung die Mitteilung vom Tode des Bundeskanzlers erhielt, gibt es Ungereimtheiten. Schuschnigg soll bei den Beratungen dem freien Abzug der Putschisten unter der Bedingung zugestimmt haben, dass kein Blut geflossen sei. Auf dem Ballhausplatz wusste man schon nach 17 Uhr, dass Dollfuß seinen Verletzungen erlegen war, und ein Sektionsrat teilte dies dem Ministerrat mit. Trotzdem wurde den Putschisten der freie Abzug zugesagt. Aus dem Protokoll des Ministerrats am darauffolgenden Tag geht hervor, dass für Schuschnigg feststand, keinesfalls die Rädelsführer ohne Bestrafung davonkommen zu lassen. Auch Vizekanzler Starhemberg, der von einem Urlaub am Lido zurückgeflogen war, sagte, dass eine Regierung, die in diesem Fall zu mild vorgehe, sich nicht halten könnte und auch im Ausland kein Verständnis finden würde. Man solle betonen, dass das freie Geleit zugesagt wurde, um den Eingeschlossenen das Leben zu retten. In dem von der österreichischen Regierung über die Vorgänge herausgegebenen „Braunbuch“ wurde dann behauptet, dass die Zusage des freien Abzugs der Putschisten erst widerrufen wurde, als der Regierung die Ermordung des Kanzlers bekannt geworden war.

Kurz nach 19 Uhr gaben die Putschisten auf. Die Gefangenen wurden freigelassen, und die 154 Aufrührer wurden auf Lastwagen verladen und in die Marokkanerkaserne gebracht. Ihnen wurde mitgeteilt, dass Dollfuß' Tod die Sachlage verändert habe und ihre Freilassung zumindest nicht in Frage komme, ehe sich der Mörder des Kanzlers melde. Beim Polizeiverhör gestand Otto Planetta, dass er auf Dollfuß geschossen habe, behauptete aber, dies sei geschehen, weil jener sich gewehrt habe; der Plan der Putschisten sei doch gewesen, dass Dollfuß in Geiselhaft sein Amt an Rintelen abgebe. Angesichts des Faktums, dass andere SS-ler mit dem Plan eines Handgranatenanschlags auf Dollfuß' Auto durchaus an Mord dachten, erscheinen Planettas Aussagen doch eher als Versuch, sich vor dem Galgen zu retten.

Während die Regierung in Wien mit der Gefangennahme der Putschisten wieder völlig Herr der Lage war und die dem SS-Unternehmen ohnedies distanziert gegenüber gestandene illegale Wiener SA keinerlei Anzeichen eines Widerstands zeigte, war in den Bundesländern Steiermark, Kärnten und Oberösterreich ein SA-Aufstand ausgebrochen, der mehrere Tage dauerte und zahlreiche Opfer kostete.

Die Regierung berief einen Militärgerichtshof ein, der die Rädelsführer des Putschs aburteilen sollte. Die früheren Bundesheersoldaten Planetta und Holzweber, der Anführer des Überfalls auf die Ravag, Domes, und fünf weitere Putschisten, die noch im aktiven Dienstverhältnis zum Bund standen, wurden wegen Hochverrats, Planetta dazu wegen Mordes, zum Tod verurteilt und am 31. Juli gehenkt. Gegen Anton Rintelen wurde ein besonderes Verfahren eingeleitet, und sein Verhalten hätte ebenfalls zu einem Todesurteil gereicht, doch der Heimwehrführer und Justizminister Berger-Waldenegg wies den Staatsanwalt an, nur „Lebenslang" zu beantragen. Weiters wurden auch über etliche Putschisten lebenslange Haftstrafen verhängt, die meisten anderen wurden in das Anhaltelager Wöllersdorf eingeliefert.

Den SS-Führern, die den Putschplan ausgeheckt hatten, und die sich beim Überfall auf das Kanzleramt außerhalb des Gebäudes aufhielten – Glass, Wächter und Weydenhammer – gelang die Flucht in Hitlers Reich.

Die Sozialdemokraten, seit dem Februar 1934 in den Untergrund gedrängt, betrachteten die Vorgänge, wie ihr Chronist Jacques Hannak schrieb, „ohne Rührung und ohne Tränen".

Revolte der „Überflüssigen“

In Wien war der Putschversuch der SS bereits am Abend des 25. Juli 1934 gescheitert. Aber die Revolte der Nationalsozialisten in den Bundesländern war nicht mehr zu stoppen. Die Radiomeldung aus Wien, wonach die Regierung Dollfuß von Rintelen als Bundeskanzler abgelöst worden sei, war in vielen Gebieten als Signal zum Aufstand der SA – in dessen Vorbereitung hatte die Zusammenarbeit mit der SS offenbar ohne die Wiener Rivalitäten funktioniert – verstanden worden. Allerdings trugen die späteren Widerrufe und dann wieder die Meldung vom Tode Dollfuß zur Verwirrung sowohl der Putschisten als auch da und dort der Exekutive bei.

In Innsbruck begann der Aufstand mit einem Meuchelmord. Nachdem dort dem Kommandanten der Polizei Franz Hickl am frühen Nachmittag klar geworden war, dass es galt, die Nazis an der Erhebung zu hindern, eilte er zum Statthaltereigebäude, wo sich das Bundespolizeikommissariat befand. Als er den Torposten passierte, wurde er von Pistolenschüssen niedergestreckt und tödlich getroffen. Sein Mörder, ein SS-Angehöriger, der den Befehl erhalten hatte, den bei den Nazis besonders verhassten Polizeioffizier zu töten, wurde auf der Flucht gefasst und von einem Militärgericht zum Tode verurteilt und hingerichtet. Zum Aufstand kam es in Tirol nicht, weil die SA-Führung angesichts der unklaren Lage die Bereitschaft ihrer Truppe vorzeitig aufgehoben hatte. Die rasch mit Karabinern ausgerüstete Polizei riegelte die Grenzen zu Deutschland ab, weil ein Einfall der Österreichischen Legion befürchtet wurde. Beruhigend für die Regierungsseite wirkte die Tatsache, dass die Italiener im Grenzgebiet Manöver abhielten. Es galt als sicher, dass Mussolini eine Einmischung Deutschlands nicht hinnehmen würde.

Ganz anders in der Steiermark. Die von den Putschisten in Wien erpresste Meldung vom Sturz der Regierung veranlasste die steirischen SA-Leute in etlichen Orten der Umgebung von Graz, der Südoststeiermark, der obersteirischen Industrieregion und des Ennstals, sich zu den Sammelplätzen zu begeben und Waffen auszufassen. In vielen Siedlungen wurden Hakenkreuzfahnen gehisst. In manchen Orten setzten die Nazis neue Bürgermeister ein, Gendarmerieposten wurden entwaffnet. In der Nacht zum 26. Juli ging die SA überall offensiv vor. Dabei kam es zu ersten blutigen Zusammenstößen mit Heimwehr- und Sturmscharleuten. Im Süden waren Radkersburg und Mureck in der Hand der Nazis, in Industriegebieten kam es beim Versuch der SA, die Städte einzukreisen, zu blutigen Gefechten. In Graz misslang Aufständischen der Versuch, die im Anhaltelager Messendorf inhaftierten Nazis zu befreien. Die Gendarmerie in den ländlichen Gebieten verhielt sich in den ersten Stunden mangels klarer Weisungen zurückhaltend.

In den frühen Morgenstunden des 26. Juli kam es insbesondere in der Obersteiermark zu Kämpfen zwischen SA und Schutzkorps-Leuten (Heimwehr und Sturmscharen), die mit größter Verbitterung geführt wurden und etliche Todesopfer forderten. So kam es bei der Besetzung Schladmings, bei Klachau und bei Mitterndorf zu regelrechten Metzeleien. Das Erschütterndste an den Berichten über die Vorgänge ist, dass die hasserfüllten Gegner einander häufig gut kannten, aber zu keinem Pardon für den Gegner bereit waren. Erst das Eingreifen des anrückenden Bundesheeres zwang die Aufständischen, sich zurückzuziehen (im Süden oft über die jugoslawische Grenze) oder aufzugeben. In Leoben, das die SA zum Teil in der Hand hatte, kam es mit den Soldaten zu einem Kampf Haus um Haus, erst der Einsatz der Artillerie entschied zu

Die Gewehre aus den Verstecken geholt:
Aufständische SA in Kärnten.

Gunsten der Exekutive. Die Hoffnung der Putschisten, das Bundesheer auf ihre Seiten zu ziehen, erfüllte sich nirgendwo.

Die Säuberung des steirischen Ennstals erfolgte durch Truppen, die aus dem zunächst ruhigen Oberösterreich über die Pässe vordrangen – was zeigt, wie wenig der Aufstand koordiniert war. Erst hinter ihnen kam es im Bezirk Gmunden und um Windischgarsten zu Besetzungen von Gendarmerieposten und einzelnen Schießereien, der Aufruhr wurde aber rasch niedergeschlagen. Beim Vordringen über den Pyhrn-Pass kam es zu einer scheußlichen Bluttat, als die Soldaten glaubten, vom Wirtshaus „Kalkofen“ beschossen worden zu sein. Sie drangen in das Haus ein und ermordeten die schwangere Wirtin, ihr vierjähriges Kind und zwei andere unbeteiligte Anwesende.

Im Laufe des 26. Juli verlagerte sich der Schwerpunkt des Aufstands nach Kärnten. Die Klagenfurter SA-Befehlszentrale wurde zwar von der Kriminalpolizei ausgehoben, konnte aber noch den Funkspruch zum Aufstand unter dem Codewort „Elementarereignis“ durchgeben. In Unterkärnten hatte die SA zunächst Erfolg. So wurden Wolfsberg, St. Veit an der Glan und Feldkirchen besetzt. Um den Griffener Berg wurde heftig gekämpft. Das Lavanttal in der Hand der Nazis diente vielen aus der Steiermark flüchtenden Aufständischen als Rückzugsgebiet; letztes Ziel blieb Jugoslawien, wo die Flüchtlinge interniert wurden und später nach Deutschland gelangten. Der Plan, Klagenfurt zu besetzen, scheiterte am Widerstand des Bundesheers. In Oberkärnten flammten da und dort Kämpfe auf, wurden aber rasch niedergeschlagen.

Die „Österreichische Legion“, die in Bayern aus geflüchteten Nationalsozialisten gebildete Kampftruppe, sollte nach dem Misserfolg in Wien auf Hitlers Weisung nicht mehr in die Kämpfe eingreifen. Eine Gruppe, die trotzdem im Mühlviertel bei Kollerschlag zwei Zollämter besetzte, wurde von der Gendarmerie unter Verlusten auf beiden Seiten zurückgeschlagen. Bei einem Gefangenen wurde ein in München abgefasstes Dokument gefunden, das offenbar den Putschplan enthielt, wie er mit dem deutschen „Generalinspekteur“ Theo Habicht abgesprochen worden war. Für die österreichische Regierung war das „Kollerschlager Dokument“ der Beweis, dass die Erhebung keineswegs spontan erfolgte und von der deutschen Naziführung gutgeheißen war.

Als der Aufstand in Kärnten bereits abflaute, am 27. Juli, kämpften die SA im Salzburger Flachgau, in Liefering, mit einer Gruppe Heimatschützern um ein Gasthaus; dabei wurden drei Schutzkorpsleute getötet. Beim Überfall auf den Gendarmerieposten Seekirchen starben zwei Nazis. In Lamprechtshausen kam es zu einem regelrechten, blutigen Gefecht zwischen SA und Einheiten des Bundesheers und Heimatschutzes mit Toten auf beiden Seiten. Insgesamt kostete der Aufstand, so weit eruierbar, 223 Menschen das Leben – 101 auf Regierungsseite, 111 unter den Aufständischen und 11 Unbeteiligten. Acht Putschisten wurden in Wien und fünf in den Bundesländern hingerichtet.

Adolf Hitler, der von dem Putschversuch zweifellos vorher informiert wurde, ließ sich in Bayreuth bei den Festspielen über den Verlauf ständig berichten. Nach dem Fehlschlag in Wien ging er sofort auf Distanz, wobei wohl auch eine Rolle spielte, dass Mussolini seine Truppen am Brenner hatte aufmarschieren lassen. Der Initiator des Putsches, Theo Habicht, wurde kaltgestellt, der deutsche Gesandte in Österreich, Kurt Rieth, der am Wiener Ballhausplatz für die Putschisten Partei ergriffen hatte, wurde von seinem Posten abberufen und durch das konservativ-aristokratische Aushängeschild der Nazis, Franz von Papen, ersetzt. Dieser sollte nun den „Anschluss“ auf sanfte Tour vorbereiten.

Der Historiker Kurt Bauer hat nicht nur eine detaillierte Darstellung der Kämpfe und des Aufstandsverlaufs in den Bundesländern gegeben, sondern auch untersucht, aus welchen sozialen Schichten die Aufständischen kamen. Es zeigte sich, dass vor allem junge Burschen zum Kampf bereit waren, Bauernsöhne (oft soweit sie kein Erbe zu erwarten hatten),

Bauernknechte, arbeitslose Handwerksgesellen und Hilfsarbeiter. Industriearbeiter kamen insbesondere nur aus der deutsch geführten Alpine. In der Obersteiermark hatte sich ja der Steirische Heimatschutz von der regierungstreuen Heimwehr abgesondert und war zusammen mit der NSDAP vom Parteiverbot getroffen worden. Die meisten örtlichen Aufstandsführer waren Selbstständige aus Handel und Gewerbe, Privatangestellte, Handwerksgesellen, Beamte (besonders Lehrer) und Bauern.

Daraus lasse sich, so Kurt Bauer, wenn auch durch NS-Propaganda außengesteuert und mit illusionären Hoffnungen auf eine grundlegende Änderung gespeist, „eine Revolte der ‚überflüssigen Generation' gegen die Welt der Etablierten" ablesen, eine irregeleitete Rebellion derer, denen die tristen Verhältnisse keinerlei Lebenschancen bieten konnten. Bauer zitiert dafür einen für die Erwartungshaltung vieler Aufständischer typischen Satz, der bei einem Überfall von drei Burschen auf einen Bauernhof fiel: „Heut ist die Sunn verkehrt aufgangen, heut san mir die Herren. Waunst as hiazt net waßt, wirst as schon abends erfahren. Im Namen der neuen Bundesregierung ham mir das Recht, di niederz'schiaßn, waunst das Gwehr net hergibst."

Emil Fey – Mann im Zwielicht

Das „Vorwerk des Bolschewismus in Mitteleuropa" ist gefallen, triumphierte die christlichsoziale „Reichspost", und mit ihr triumphierte vor allem ein Mann, der am Vorabend dieses 12. Februar 1934 angekündigt hatte, jetzt werde „ganze Arbeit geleistet" werden, und der nun als „Retter des Vaterlandes" durch Wien stolzierte: Major Emil Fey, der kompromisslose Feind der Sozialdemokratie, Führer des Wiener Heimatschutzes und Dollfuß' Vizekanzler. Er hatte es sich nicht nehmen lassen, sogar persönlich an den Kämpfen teilzunehmen und den Sturm auf den „Indianerhof" in Meidling zu leiten. Der Gemeindebau war stundenlang von Schutzbündlern gegen Militär und ein starkes Polizeiaufgebot verteidigt worden, bis die Angreifer ein Panzerauto auffahren ließen, das das Gebäude unter schweren Beschuss nahm. Als die Verteidiger am 14. Februar aufgaben, demütigte die Heimwehr die Bewohner, indem sie auf die Fassade in riesigen Lettern den neuen Namen „Fey-Hof" malten.

Emil Fey war Berufsoffizier. An der Isonzo-Front mit dem Maria-Theresien-Orden hoch dekoriert, wandte er sich nach dem Krieg der Politik zu. Im Frontkämpferverband, verschworen gegen die „rote Gefahr", fand er ein erstes Betätigungsfeld, dann in der Heimatschutzbewegung, die er 1927 mit der Gründung der Wiener Heimwehr zu einer straffen, militärisch geschulten Organisation ausbaute. Als deren Landesführer trat er, ähnlich wie sein oberösterreichischer Rivale Starhemberg, bald mit Mussolini in Kontakt; aber auch beim Wiener Naziführer Frauenfeld sondierte er – mag sein, auch zum Schein – für ein gemeinsames „gründlich Ordnung machen". Zum Unterschied von anderen Gruppen versuchte er, durch Zusammenführung seiner Heimwehr mit den Wiener Christlichsozialen das gemeinsame Kampfziel, die Zerschlagung des „Roten Wien", zu forcieren. Starhemberg und Fey waren die Transmissionsriemen, die Dollfuß zu dem von Mussolini unentwegt geforderten Vorgehen gegen die Sozialdemokratie drängten.

Ehrgeiz und Eitelkeit waren hervorstechende Eigenschaften des Majors, der für seine Wiener Heldentaten – merkwürdig genug – vom ungarischen Reichsverweser Horthy ausgezeichnet wurde, nachdem ihn schon zuvor der italienische König huldvoll dekoriert hatte. Doch war Fey mit dem 12. Februar bereits am Höhepunkt seiner Karriere angelangt. Schon stellten namhafte Wiener Heimwehrführer die Frage, ob ihr Held nun nicht die Bundesführung der Heimwehr übernehmen sollte. Die hatte Starhemberg inne. Als sein Rivale hatte er offenbar eher das Ohr des Bundeskanzlers – auch deshalb, weil er sich zum Unterschied von Fey nicht der Einverleibung in die Vaterländische Front widersetzte. Dazu kam, dass nicht nur Italien Fey schätzte, sondern auch Berlin sich für ihn zu interessieren begann. Putschgelüste der Heimwehr waren nicht neu; das mag Dollfuß schließlich veranlasst haben, Fey am 1. Mai als Vizekanzler abzuberufen und ihn ausgerechnet durch Starhemberg zu ersetzen. Dollfuß wusste offenbar recht gut, wie er zwei Männer, die ihm hätten gefährlich werden können, durch einen dauernden Gegensatz schwächen könnte. Der tief gekränkte Fey sah sich als Minister ohne Geschäftsbereich abgespeist.

Die Rolle, die Emil Fey am 25. Juli 1934 spielte, ist nie völlig aufgeklärt worden und gab zu den wildesten Mutmaßungen und Gerüchten Anlass. Wie im Kapitel über den Mord an Dollfuß dargestellt, wurde der Plan der Juliputschisten wenige

Beinahe verhaftet, dann wieder Minister: Emil Fey.

Stunden vor der Ausführung an untergeordnete VF-Funktionäre verraten, bis schließlich Fey davon informiert wurde. Fey kam verspätet in den Ministerrat und setzte zunächst Dollfuß von der Information, die durch die Beobachtungen eines Kriminalbeamten erhärtet wurden, in Kenntnis. Dollfuß nahm die Mitteilung nicht sehr ernst, schickte aber vorsichtshalber seine Minister in ihre Büros. Nur Fey und der Staatssekretär für Sicherheitswesen Karwinsky blieben. Sie wurden von den eindringenden Putschisten festgenommen. Im Säulensaal von Bewachern festgehalten, hörten sie Schüsse – diese trafen den Kanzler. Die Putschisten holten Fey zu dem Schwerverletzten, der ihn beauftragte, dafür zu sorgen, dass Blutvergießen vermieden werde. Dann benützten die Putschisten Fey als Geisel, um in Verhandlungen mit „draußen" zu treten; sie sagten ihm, nun sei Rintelen Kanzler (was auch Dollfuß glaubte), und beauftragten ihn, die Radiostation anzurufen, mit der Weisung, dies zu verlautbaren. Als die Aufständischen später erkennen mussten, dass ihr Anschlag misslungen war, ergaben sie sich, nachdem Fey für sie freies Geleit (das nicht hielt) ausgehandelt hatte.

Feys Verhalten an diesem Krisentag bot seinen Widersachern in Regierung und Heimwehr eine Gelegenheit, gegen ihn vorzugehen. Noch in der Nacht hatte er in einer Radioansprache den Hergang aus seiner Sicht, nicht ohne seine Verdienste herauszustreichen, dargestellt. Nach Erhalt der Information über den Putsch habe er einem Offizier des Schutzkorps befohlen, den Heimatschutz zu alarmieren. Schon daraus wurde ihm von Karwinsky ein Vorwurf gemacht, weil Fey nach seiner Absetzung ehrenwörtlich versprochen habe, der Exekutive (zu der auch Heimwehr und Sturmschar gehörten) keine Anweisungen mehr zu erteilen. Der Hauptvorwurf aber ging dahin, dass weder Fey noch sein Adjutant Wrabel den Bundeskanzler unverzüglich informiert hätten. Dadurch hätten sie den Tod von Dollfuß indirekt mitverschuldet. Karwinsky und andere hielten nicht mit ihrer Meinung hinterm

Berg, dass Fey die Verzögerung absichtlich riskiert hätte, weil er in seinem gekränkten Ehrgeiz sich dadurch wieder in den Vordergrund stellen wollte, dass er als erster mit seiner Heimwehr den Putsch niedergeschlagen hätte. Zum Glück für Fey war damals noch nicht bekannt, was ein Juliputschist erst 1936 in Deutschland zu Protokoll gab: Der Putschführer Holzweber habe Fey den Posten des Sicherheitsministers in einem Kabinett Rintelen angeboten. Mit welchen Befugnissen, habe Fey gefragt. Auch die SA und SS werde ihm unterstellt, war die Antwort. „Gut, dann nehme ich an", soll der zweifellos unter Druck stehende Fey gesagt haben.

In der Folge beriet Schuschnigg mit Starhemberg und Karwinsky, zwei von Feys heftigsten Gegnern, über dessen weitere Behandlung. Karwinsky sah in Fey ein Sicherheitsrisiko, als Regierungsmitglied untragbar. Seine Verfehlungen bei der Information über den bevorstehenden Putsch seien so schwerwiegend, dass er eigentlich – wie sein Adjutant Wrabel – verhaftet werden müsse. Auch Starhemberg plädierte zunächst dafür. Zunächst wurde dies einstimmig beschlossen, dann kamen Bedenken. Ein solcher Vorgang würde die Heimwehr vor eine Zerreißprobe stellen, und die Bevölkerung werde verwirrt, wenn der „Held des Februar" als Nazi-Freund verdächtigt werde. Kehrtwendung Schuschniggs: Am 29. Juli ernannte er Fey zum Minister für „Innere Verwaltung". („Es ist wirklich verblüffend, welch kleiner Schritt im Ständestaat vom Verhaftetwerden zur Berufung in die Regierung führte", bemerkt Fey-Biograf Georg Mautner-Markhof.) Dennoch verstummten Gerüchte um Fey nicht. Sie verstiegen sich sogar zur der Behauptung, Fey habe den zweiten Schuss auf Dollfuß abgegeben, was nachweislich nicht möglich war, weil Fey sich in einem anderen Raum befand und ihm die Pistole von den Putschisten schon abgenommen war.

Am 17. Oktober 1935 entließ Schuschnigg Fey aus der Regierung. Die ständigen Auseinandersetzungen zwischen diesem und Starhemberg waren für das Kabinett untragbar geworden, außerdem wälzte Schuschnigg schon geheime Pläne, die Heimwehr überhaupt loszuwerden. Der Wiener Heimatschutz protestierte gegen die Entlassung, doch Fey selbst verlangte Disziplin. Die Ereignisse des 25. Juli 1934 wurden von der Regierung in einem „Braunbuch" festgehalten, in dessen erstem Entwurf Fey so belastet wurde, dass Schuschnigg eine geschönte Fassung herausgeben ließ. Starhemberg als Bundesführer setzte seinen Rivalen Fey als Wiener Heimwehrführer zugleich mit einer ganzen Garnitur ihm ergebener Unterführer ab. Fey gründete daraufhin mit seinen Getreuen einen eigenen Wiener Wehrverband. Als Schuschnigg dann 1936 auch Starhemberg aus der Regierung warf und die Heimwehr als „Frontmiliz" in die VF eingebunden wurde, war auch diese Periode abgeschlossen.

Fey war mit dem Posten des Direktors der Donaudampfschifffahrtsgesellschaft abgespeist worden. Im März 1938 vollzog sich sein Schicksal auf tragische Weise. Er versuchte Kontakte zu den Nazis anzuknüpfen und die ihm verbliebenen früheren Heimwehrler in der SA unterzubringen. Gleichzeitig aber gab er eine etwas doppeldeutige Unterstützung für Schuschniggs Volksbefragung ab. Als nach dem vollzogenen „Anschluss" Gerüchte auftauchten, die Nazis planten einen Schauprozess, in dem Fey als der eigentliche Dollfuß-Mörder angeklagt und die Juliputschisten als unschuldig Hingerichtete dargestellt werden sollten (eine Mutmaßung, die ihn beunruhigte, aber für die keine Unterlagen erhalten sind), und er gleichzeitig seines Postens enthoben und seine Wohnung gekündigt wurde, erschoss er seine Frau und beging zusammen mit seinem jungen Sohn Selbstmord.

Die gelenkte Presse wurde angewiesen, darüber nicht zu berichten (woran sich nur eine Salzburger Zeitung nicht hielt); Himmler ließ die offenbar unergiebigen Untersuchungsergebnisse über den Dollfuß-Mord ad acta legen.

„Wir kommen wieder!“

Noch waren die Toten des Februar nicht begraben, da organisierte sich schon der Widerstand. Kaffeehäuser, oft gewechselt, um die Polizeispitzel abzulenken, wurden zu konspirativen Treffs. Auf versteckten Plätzen des Wienerwalds, beim Baden in den Donauauen oder auch im Dampfbad wurden Aktionen ausgeheckt, die dem Regime Ärger bereiten und der Anhängerschaft Hoffnung geben sollten: „Wir kommen wieder!“, hieß die Losung auf hektografierten Flugblättern und an Hausmauern. Auch wenn die Polizei das Anhaltelager Wöllersdorf mit Verdächtigen vollstopfte …

Den Austrofaschisten schien mit der blutigen Auslöschung des Widerstands der Februarkämpfer von 1934 die Vernichtung der großen österreichischen Arbeiterbewegung gelungen. Mit Kanonen und Galgen, mit der Einweisung von Tausenden Männern und Frauen in die Gefängnisse und „Anhaltelager“, mit der Auflösung aller Arbeiterorganisationen und von 1500 den Sozialdemokraten nahe stehenden Vereinen, dem Raub des Gewerkschaftsvermögens, der Konsumläden, der Arbeiterbank, der Druckereibetriebe, der Sportplätze und Naturfreundehütten sollte „das Werk von fünfzig Jahren, Lebensinhalt und Lebenssinn, Lebensglück und Lebensfreude von 40 Prozent der Menschen dieses Landes ausgerottet werden“, schreibt Jacques Hannak in der ersten Nachkriegsgeschichte der österreichischen Sozialdemokratie (1952).

Aber Engelbert Dollfuß und die faschistischen Heimwehrler hinter ihm täuschten sich, wenn sie glaubten, dass sie mit ihren kirchlich gesegneten Waffen der Linken den Todesstoß versetzt hatten. Zwar konnte die junge Rosa Jochmann den von der Reaktion meistgehassten Repräsentanten der Sozialdemokratie, Otto Bauer, davon überzeugen, in letzter Minute die Flucht in die Tschechoslowakei zu wagen – und sie gelang. Dem von Dollfuß verabscheuten theoretischen Kopf der Sozialdemokratie hätte, wenn er überhaupt eine Verhaftung überlebt hätte, zweifellos ein Schauprozess mit ungewissem Ausgang gedroht. Auch viele Schutzbündler konnten sich noch über die Grenze absetzen – sie gingen dann in die Sowjetunion, wo später so mancher Opfer der stalinistischen Säuberungen wurde, während andere ihre Waffen in der Internationalen Brigade gegen Franco in Spanien richteten.

Aber wenn auch die meisten Spitzenmandatare hinter Gittern saßen, so gab es noch während der Kämpfe Männer und Frauen, die die Fortsetzung des Kampfes nun im Untergrund vorbereiteten. Es waren zunächst etliche Redakteure der „Arbeiter-Zeitung", die ein „Schattenkomitee" unter Karl Hans Sailer bildeten. Im September 1934 fand in Blansko bei Brünn eine „Wiener Konferenz" statt. Der AZ-Journalist Otto Leichter entwarf ein Aktionsprogramm, und man wählte den von Otto Bauer vorgeschlagenen Parteinamen „Vereinigte Sozialisten". In Kontakten mit den Kommunisten war man um eine Aktionseinheit bemüht. Um die Polizei zu täuschen, bildeten Funktionäre der zweiten Reihe die erste „ zentrale Fünfergruppe" mit Manfred Ackermann an der Spitze; einer von ihnen war der spätere Wiener Bürgermeister und Bundespräsident Franz Jonas.

Schon eine Woche nach dem Ende des Bürgerkriegs war die erste illegale, nun kleinformatige „Arbeiter-Zeitung" über die Grenze geschmuggelt worden. Otto Bauer und Julius Deutsch hatten in Brünn das „Auslandsbüro der österreichischen Sozialdemokratie" (ALÖS) gegründet. „Nach dem Kampf" stand über dem Artikel auf der Titelseite, in dem der Opfer gedacht wurde und die langen, vergeblichen Bemühungen um eine

Vor dem Überfall im Wienerwald:
Rosa Jochmann spricht zu den Versammelten.

friedliche verfassungsmäßige Lösung der Krise dargestellt wurden: „Wir wollten kein Blutvergießen."

Die Desorientierung und Verzweiflung der Anhängerschaft der Partei in Österreich war groß. Ein Teil von ihnen, die das Zurückweichen der SP-Führung vor den autoritären Dollfuß-Schikanen verurteilten, gingen zu den Kommunisten. Unter deren Einfluss geriet auch der „Autonome Schutzbund", eine illegale Gruppierung früherer Schutzbündler. Andere glaubten, den gemeinsamen Hass vor allem gegen die Heimwehr mit den ebenso illegalen Nazis teilen zu können. Die „Parteirechte", der vor allem führende Funktionäre der niederösterreichischen Sozialdemokratie zuzuzählen waren, suchte Kontakte mit dem demokratischen Flügel der Christlichsozialen aufrechtzuerhalten. Die Masse der Sozialdemokraten und überhaupt der Arbeiterschaft war vor allem von der Sorge um das tägliche Leben und Überleben bestimmt – die Arbeitslosigkeit stieg von Monat zu Monat an, viele wurden „ausgesteuert", bekamen also überhaupt keine Unterstützung mehr –, was von der Regierung mit schamlosem Zwang zum Beitritt zu ihrer Vaterländischen Front ausgenützt wurde. Doch versagte auch die internationale Solidarität nicht: Über die Quäker, deren Wirken die Polizei nicht unterbinden konnte, flossen Gelder, mit denen insbesondere die Not der Familien derer, die im Kampf gefallen oder schwer verletzt waren oder aber im Gefängnis saßen, gelindert wurde.

Aus den kleineren sozialdemokratischen Gruppen, die entschlossen waren, den aktiven Widerstand fortzusetzen, bildeten sich schließlich die „Revolutionären Sozialisten" (RS). Ihnen war es vor allem um Information und Aufklärung in Broschüren, Flugblättern und die unter ständiger Verhaftungsgefahr wöchentlich nach Österreich geschmuggelte AZ zu tun, und auch darum, mit roten Fahnen, mit der Mauerinschrift Drei Pfeile – „Wir kommen wieder", mit Blitzversammlungen und auch mit politischen Witzen zu zeigen, dass die Partei nicht tot war. Allerdings war das Regime gewillt, solche Aktionen brutal zu unterdrücken. Eine nächtliche Kundgebung im Wienerwald bei Kaltenleutgeben in Erinnerung an die achtzig Opfer, die 1927 vor dem Justizpalast unter Polizeikugeln gefallen waren, bei der Rosa Jochmann sprach, wurde von Gendarmen und Sturmschärlern überfallen; zwei junge Arbeiter blieben tot auf dem Rasen.

Zu Silvester und Neujahr 1934/35 tagte im Turnsaal einer Brünner Schule die erste „Reichskonferenz" der Partei nach deren Sturz in die Illegalität. Zu ihr waren 40 Funktionäre aus Wien und 15 aus den Bundesländern angereist. Auf der Konferenz kam es zu heftigen Auseinandersetzungen über den künftigen Weg der Partei. Der Sprecher der RS, Joseph Buttinger, begründete in einer zweistündigen Rede, warum der Kampf nicht mehr im Stil der „alten" Partei fortgeführt werden könne. Statt einer Massenpropaganda, die die desillusonierte und zermürbte Arbeiterschaft nicht erreichen würde, verlangte er die Heranbildung geschulter Revolutionäre, die weder radikalen Phrasen noch sinnlosen Aktivitäten nachhingen, sondern das Überdauern der Partei in der sicher nicht kurzen Phase des Faschismus absicherten. Eine Zusammenarbeit mit den Kommunisten lehnte Buttinger strikt ab. Die von Sailer vorgetragenen Gegenargumente blieben ohne Erfolg, Buttinger, vor allem mit den Funktionären aus den Bundesländern, setzte sich durch. Auch Otto Bauer schloss sich nach längeren Bedenken dem neuen Kurs an.

Nach Wien zurückgekehrt, wurde der illegale Parteiführer Sailer zusammen mit dem Jugendführer Roman Felleis und den Kommunisten Honner und Fürnberg Ende Januar verhaftet. Bald folgten weitere Verhaftungen, vor allem von Teilnehmern an der Brünner Konferenz. Der Polizei war es gelungen, einen Spitzel einzuschleusen. Das Zentralkomitee der Partei konnte sich dennoch rasch neu bilden, nun mit Joseph Buttinger an der Spitze. Als Bauernknecht aufgewachsen, war er in der SDAP zum Bezirkssekretär von St. Veit an der Glan aufgestiegen und wurde als politische Begabung in die Parteihochschule geschickt; seine relative Unbekanntheit bewahrte ihn vor der Verhaftung, auch fand er bei seiner amerikanischen Freundin und späteren Ehegattin Muriel Gardner, einer Psychoanalytikerin, schützenden Unterschlupf.

Buttinger begann, seinen neuen Kurs (für den er sich Anleihen bei der deutschen SPD-Gruppe „Neu Beginnen" geholt hatte), in der Parteiarbeit durchzusetzen. Auch ging er sofort auf Distanz zu den Kommunisten, mit denen Sailer auf der Grundlage von Otto Bauers Überlegungen zu einem „integralen Sozialismus" über einen Pakt verhandelt hatte.

Anders als in Deutschland war es Österreichs Sozialdemokraten ja gelungen, eine Spaltung der Arbeiterbewegung zu verhindern. In den stürmischen Wochen nach der Gründung der Republik forderte zwar die am 3. November 1918 gegründete Kommunistische Partei Österreichs nach dem Beispiel Ungarns und Bayerns die Ausrufung einer Räterepublik, doch die Sozialdemokraten waren zu einer solchen Abenteurerpolitik nicht bereit und unterdrückten Versuche, sie durchzusetzen, gewaltsam. Dass die Kommunisten in den Folgejahren in der Ersten Republik nie in einem Vertretungskörper auch nur ein Mandat erreichten, hatte mehrere Ursachen. In der Sozialdemokratie hatte seit ihrer Einigung durch Victor Adler das Einheitsdenken größten Stellenwert, weiter galt die Sozialgesetzgebung in der Frühzeit der Republik, danach das Aufbauwerk des „Roten Wien" der Arbeiterschaft als wichtigster Ausdruck ihrer neuen Stellung im Staat. Die radikal-„austromarxistische" Sprache der SDAP in ihren Programmen tat ein Übriges, um auch die Parteilinke bei der Stange zu halten. Zudem verzettelten sich die Kommunisten in internen Streitigkeiten über Rechts- und Linksabweichungen.

Die Februarereignisse ließen vielen Sozialdemokraten die Durchsetzung des Sozialismus per Stimmzettel als Illusion erscheinen. Es kam zu Massenübertritten von Schutzbündlern und enttäuschten Sozialdemokraten in die KPÖ. Unter ihnen war auch der frühere AZ-Redakteur Ernst Fischer, der mit seiner Aufnahme in das KP-Zentralkomitee seine politische Karriere begann. Die Kommunisten hatten bereits am 20. Februar 1934 die Arbeiter zum Zusammenschluss in ihrer Partei unter der Losung „Vorwärts vom Februaraufstand zum roten bolschewistischen Oktober! Es lebe Sowjetösterreich!" aufgerufen.

Die Revolutionären Sozialisten (RS), noch unerfahren im Umgang mit der Illegalität, behandelten die Verbrüderungsangebote der KP zur Bildung einer „Einheitsfront" mit Vorsicht; eine Einheitspartei wurde ausgeschlossen. „Wir haben also ununterbrochen verhandelt ... weil wir natürlich gewusst haben, dass uns die Kommunisten vereinnahmen wollen", erinnert sich Kreisky, dem es als Jugendfunktionär auch gelang, ein Aufgehen der RSJ im KJV zu verhindern. Otto Bauer in Brünn neigte in Verkennung der Stalin-Diktatur zu einer Aktionseinheit mit den Kommunisten (was von der Sozialistischen Internationale strikt zurückgewiesen wurde). Mit der Wahl Joseph Buttingers zum neuen Obmann gingen die RS zunehmend auf Distanz zur KP; die dann von dieser aufgenommene „Volksfront"-Politik, die auch zur Regierung Kontakte knüpfen wollte, wurde abgelehnt. In der illegalen Betriebsarbeit gab es dennoch eine gewisse Zusammenarbeit, was die Einschleusung von SP- und KP-Vertrauensleuten in die Staatsgewerkschaft ermöglichte. Kurz vor Hitlers Einmarsch empfing Bundeskanzler Schuschnigg eine Delegation der linken Gewerkschafter mit Friedrich Hillegeist (SP) an der Spitze. Die RS verlangten zunächst: „Erst frei sein, dann kämpfen"; die KP war für bedingungslose Unterstützung des Regimes gegen Hitler. Schuschniggs Zögern, die Arbeiter zu mobilisieren, und Hitlers Ultimatum ließen beide Angebote gegenstandslos werden.

Zurück zu 1935/36: Auf die im Gefängnis durch Monate einsitzenden Teilnehmer an der Delegiertenkonferenz in Brünn, soweit die Schuschnigg-Polizei ihrer habhaft geworden war, wartete nun eine vom Regime als Monsterprozess vorgesehene Gerichtsverhandlung.

„Nur freie Bürger werden für ihr Land kämpfen"

Infolge der Kritik des demokratischen Auslands an der österreichischen Regierung, die nicht zuletzt angesichts des Nazi-Juliputschs erneut darauf hinwies, wie brutal und politisch falsch die Ausschaltung der Linken war, lag dem Regime daran, eine Schuldzuweisung auch an die Sozialdemokraten zu belegen. So kam es, dass 1935, bald nach dem Prozess gegen den von den Juli-Putschisten ausersehenen früheren steirischen Landeshauptmann Rintelen, der wegen Hochverrats zu lebenslänglichem Kerker verurteilt worden war, im April 1935 über die Schutzbundführer zu Gericht gesessen werden sollte. Allerdings waren schon 1934, nach der unmittelbaren Blutjustiz der Standgerichte, zahlreiche Prozesse gegen Februarkämpfer und sozialdemokratische Funktionäre geführt worden, die mit Kerkerstrafen endeten, viele wurden auch ohne Gerichtsverhandlung in die Anhaltelager eingewiesen.

Der Hauptangeklagte des so genannten Schutzbundprozesses war der damals 45-jährige Major Alexander Eifler, geboren als Edler von Lobenstedt, der sich nach dem Krieg den Sozialdemokraten zugewandt hatte. Als Stabschef des 1923 gegründeten Republikanischen Schutzbundes baute er diesen nach militärischem Vorbild als sozialdemokratische Wehrorganisation auf. Eifler wurde wie andere Schutzbundführer, neben seinem Stellvertreter Hauptmann Rudolf Löw weitere 18, wegen Hochverrats angeklagt. In der Anklageschrift war natürlich keine Rede von der Gewalttätigkeit der Heimwehr bis hin zu einem Putschversuch, sondern nur vom Schutzbund, dessen „systematische Aufrüstung“ (die gerade wegen der offenen Absage der Heimatschützer an Demokratie und Republik erfolgt war) zeige, „dass die Revolte planmäßig vorbereitet worden war“.

Die Beweislage der Anklage war dürftig. Sie berief sich vor allem auf Aussagen des Schutzbündlers Eduard Korbel, der Waffenlager verraten hatte und Angaben über eine „Entscheidung zum Aufstand“, die es nie gegeben hatte, machte. Eifler wurde die Ausarbeitung eines „Kampfplans“ vorgeworfen, den er allerdings schon 1929 verfasste, als ein Zusammenstoß mit der putschlüsternen Heimwehr unvermeidlich schien. Erste Behauptungen des „Kronzeugen“, wonach Otto Bauer im Parteivorstand im Januar 1934 einen Beschluss zum Aufstand durchgesetzt habe, waren nicht zu halten, der Antrag der Anwälte, (verhaftete) Mitglieder des Vorstands als Zeugen anzuhören, wurde abgelehnt. Ebenso musste die Anklage von der Beschuldigung abrücken, die Schutzbundführung habe eigenmächtig den Aufstand befohlen. Als ein Anwalt in seinem Plädoyer sagte, „die Hochverräter standen auf der anderen Seite der Barrikaden“, erhielt er eine Ordnungsstrafe. Nach 16 Verhandlungstagen erfolgten schließlich die Urteile, und das Gericht fällte drakonische Strafen: Eifler wurden wegen Hochverrats zu 18 Jahren, Löw zu 15 Jahren, zehn weitere Kommandanten zu 12 bis 5 Jahren Kerker verurteilt. Die weiteren Angeklagten erhielten wegen der Unterlassung der Anzeige kürzere Gefängnisstrafen, einer wurde freigesprochen.

Die ausländische Presse bezeichnete den Prozess als Farce und die harten Urteile als völlig unangemessen, konnte doch keinem der Angeklagten auch nur vorgeworfen werden, dass er mit der Waffe in der Hand gegen die Exekutive gekämpft hatte. Das Regime zeigte sich dann vielleicht auch deshalb bald milde: Im Zuge der Weihnachtsamnestie des Bundespräsidenten 1935 öffneten sich für alle Verurteilten die Gefängnistore. Ihre private Existenz allerdings war für fast alle vernichtet (Eifler fand als Schneidergeselle bei einem Parteifreund Unterschlupf). Die Eintreibung der Prozess- und Haftkosten erwies sich bei den meisten als unmöglich, wenige andere mussten lange Zeit Raten zahlen. Alexander Eifler, der in den Märztagen 1938 zum Kampf für Österreich aufgerufen und mit Regierungsstellen darüber verhandelt hatte, wurde von den Nazis sofort ins Konzentrationslager Dachau gebracht, wo er am 2. Januar 1945 völlig entkräftet starb.

Mit erhobener Faust vor das Gericht

Als Schauprozess aufgezogen, wurde auch der so genannte Sozialistenprozess im März 1936 für das Regime blamabel. Ein Spitzel hatte die Namen der Teilnehmer an der Silvesterkonferenz mit Otto Bauer in Brünn der Polizei verraten. Deren Festnahme – sie waren ja im Untergrund – erfolgte zum Teil unter dramatischen Umständen. So hatten Vertreter von RS, Autonomem Schutzbund, KP und Gewerkschaft für 25. Januar 1935 einen Treff in einer Gemeindewohnung in Meidling vereinbart, um Aktionen für den ersten Jahrestag der Februarkämpfe zu beraten. Gewerkschafter kamen nicht zu der Sitzung. Von wem deren Teilnehmer verraten wurden, blieb ungeklärt. Die Kriminalbeamten warteten jedenfalls noch, im Haus versteckt, auf die Ankunft des RS-Obmanns Karl Hans Sailer, er hatte sich verspätet. Dann stürmten sie mit gezogener Pistole in die Wohnung. Sailer und Roman Felleis für die RS, die Wohnungsinhaberin Leontine Haas und die Kommunisten Fürnberg und Honner wurden festgenommen; die zwei Schutzbündler hatten sich als Installateure getarnt und durften gehen.

Nur einige wenige der übrigen Teilnehmer von Brünn konnten sich der Verhaftung entziehen: so der Chefredakteur der Arbeiter-Zeitung Oscar Pollak, Joseph Buttinger und Helene

Potetz. Auf tragische Weise gelang dies auch der Frauenfunktionärin Paula Mistinger-Mraz, die aus Angst vor der Verhaftung nicht zum Arzt zu gehen wagte und an ihrer Krankheit starb. Die Verhafteten waren nun 14 Monate lang eingesperrt: zuerst in Untersuchungshaft, dann zur Absitzung von Polizeistrafen oder in Wöllersdorf (der kranke Sailer kam für längere Zeit in ein Spital). Danach wurden sie vor dem Prozess ins Landesgericht eingeliefert. Während bei der Polizei häufig geprügelt wurde, konnten die Gefangenen im Gerichtsgebäude sich sogar einen Hungerstreik gegen die schlechte „Häfen"-Kost leisten.

Nach ersten Prozessen gegen einige niederösterreichische und Kärntner Sozialdemokraten, die mehrjährige Haftstrafen ausfassten, begann am 16. März 1936 der große Sozialistenprozess im Wiener Landesgericht. Unter den 30 Angeklagten finden sich etliche Namen, deren Träger in der Zweiten Republik wichtige politische Funktionen bekleideten. Neben Karl Hans Sailer und Roman Felleis (der im KZ Buchenwald umkam) waren dies unter anderen Anton Proksch (1956–1966 Sozialminister), Bruno Kreisky (1970–1983 Bundeskanzler, zuvor Außenminister), Otto Probst (1963–1966 Verkehrsminister), Franz Jonas (1965–1974 Bundespräsident, zuvor Wiener Bürgermeister), Maria Emhart, Franz Rauscher, Stefan Wirlandner; den zwei ebenfalls angeklagten Kommunisten Franz Honner und Siegfried Fürnberg gelang später aus Wöllersdorf die Flucht nach Moskau. Von Kreisky sind übrigens einige Kassiber aus der Haft erhalten geblieben. Im Gefängnis des Landesgerichts war er mit einem Nazi zusammengesperrt: „Mein Zellengenosse – Ober-SA-Macher – hält den Marxismus auch schon für ganz richtig … aber ich glaube, er ist der Meinung, seine Richtigkeit sei jüdische Tücke (Der Führer ist gegen ihn und basta, Schluss)." Über die Justizwache schrieb er: „Der ö. Faschismus hat keine sehr willigen Kerkermeister, sie würden viel lieber ihre indirekten Auftraggeber bewachen …"

Die demokratische Weltöffentlichkeit zeigte sich über den bevorstehenden Prozess besorgt, insbesondere nachdem bekannt wurde, dass der Staatsanwalt zumindest für die „Rädelsführer“ Sailer und Maria Emhart die Todesstrafe fordern würde. Alle Angeklagten wurden wegen der Teilnahme an der Brünner Konferenz des Hochverrats oder – wie Leontine Haas, einer Witwe mit Kind, die während der langen Untersuchungshaft ihre Wohnung verloren hatte – wegen Begünstigung und Beihilfe angeklagt. Die sozialistischen Parteien von Schweden, Frankreich, England, Belgien, der Schweiz, der Tschechoslowakei und Dänemark protestierten gegen die Verfolgungsmaßnahmen. Als Mitglieder der Arbeiterinternationale hätten Österreichs Sozialdemokraten dieselben Ziele wie alle diese in ihrer Heimat legalen Parteien, nämlich die Mehrheit der Menschen mit Hilfe aller legalen Mittel zu gewinnen. „Wenn heute die österreichischen Sozialisten für ihr Ziel nicht mit denselben Mitteln kämpfen können, dann ist nur die österreichische Regierung dafür verantwortlich.“ Delegierte aus anderen Staaten wurden zum Prozess in das schwer bewachte Gerichtsgebäude nicht zugelassen, wohl aber internationale Pressevertreter, die in ihren Zeitungen – zum Unterschied von der zensurierten Presse in Österreich –, ausführlich über die Verhandlung berichteten.

Den Vorsitz in dem Schöffengericht führte der gefürchtete Dr. Osio, der knapp zwei Jahre zuvor den jungen Sozialisten Josef Gerl an den Galgen geliefert hatte.

„Als erste Angeklagte betritt Marie Emhart mit einer rotem Blume an ihrem Kleid, aufrecht, in stolzer Haltung, den Saal“, heißt es in einem Bericht. „Sie erhebt die Faust zum Freiheitsgruß. Die anderen Angeklagten, die der Reihe nach hereingeführt werden, tun das gleiche. Und sofort merkt man; die hat die Haft nicht gebrochen.“ Keine und keiner der Angeklagten machten aus ihrem Bekenntnis zum Sozialismus ein Hehl. Franz Rauscher: „Ich gebe gerne zu, nicht nur Geld an die Familien der gefallenen Sozialisten gegeben, sondern auch

Das Polizeifoto des „Hochverräters" Bruno Kreisky.

geholfen zu haben, die zerbrochene Partei in der revolutionären Bewegung wieder zu sammeln. Wenn wir das nicht getan hätten, dann wären Hunderte unserer Mitglieder in die Versuchung geraten, den Nazis beizutreten; denn so groß war ihr Hass gegen das österreichisch-faschistische Regime." Maria Emhart: „Wir wurden alle unserer Rechte beraubt. Redefreiheit und Pressefreiheit wurden unterdrückt. Wir Sozialisten haben die Legalität nicht verlassen, wir wurden in die Illegalität gezwungen ... Ja, ich bin Sozialistin mit jeder Fiber, denn ich bin gegen Elend und Mangel, gegen Hunger und Arbeitslosigkeit, gegen Willkür und Ausbeutung, gegen Faschismus und Krieg ..." Karl Hans Sailer: „Ich trage die volle Verantwortung für meine Rede auf der Konferenz. Ein Programm anzunehmen, ist Sache der Überzeugung, und Überzeugung kann nicht Gegenstand einer strafbaren Handlung sein."

Zu einem Höhepunkt gleich am ersten Verhandlungstag wurde – das hielten schon damals die ausländischen Journalisten fest – die Rede des 25-jährigen SAJ-Jugendvertrauensmanns und Studenten Bruno Kreisky. Einleitend bekannte Kreisky – vom Vorsitzenden mit Hinweisen, „das gehört nicht zur Sache", immer wieder unterbrochen (etwa bei Hinweisen auf die Zensur der Presse oder auf Mussolini) – „nach wie vor" Sozialist zu sein. „Weder die Taten der Regierung noch die aufmerksame Lektüre nichtsozialistischer und antimarxistischer Werke – wozu ich während meiner Haft ausgiebig Gelegenheit hatte – ließen mir eine andere Lösung als die des Sozialismus als möglich erscheinen ... Wir haben in unserem Lande nicht die Möglichkeit, unsere Idee zu vertreten – ihre Bekenner wandern in den Kerker. Man gebe uns das, was die Arbeiterschaft Englands, Frankreichs und anderer Länder als selbstverständliches Recht hat: die Freiheit der Idee – und es wird keine illegale sozialistische Bewegung geben! Überdies kann man an Hunderten Beispielen nachweisen, dass die blutige Gewalt von der anderen Seite kommt ..." (auch hier wurde Kreisky unterbrochen). In einem fast prophetischen Schluss wies er auf die

Gefahr hin, dass Demokratien des Westens das kleine Österreich in finanziellen Notlagen oder für die Wahrung seiner Unabhängigkeit nur unterstützen würden, „wenn in Österreich ein System herrscht, das die Zustimmung des österreichischen Volkes hat. Es ist nicht ausgeschlossen, dass sich die Bauern mit den Arbeitern für die Wiederherstellung ihrer Freiheitsrechte zusammenschließen; die Rückkehr zur Demokratie muss nicht eine Folge blutiger Kämpfe sein. Es ist auch möglich, dass die Regierung in einem ernsten Moment die breiten Massen des Landes zur Verteidigung der Grenzen aufrufen muss. Aber nur ein demokratisches Österreich wird dieses Volksaufgebot zustande bringen. Nur freie Bürger werden gegen Knebelung kämpfen."

Auch an den weiteren Verhandlungstagen konnte die Anklage keine Beweise für den Plan einer gewaltsamen Aktion der Sozialisten erbringen; da nützte es wenig, dass der Staatsanwalt daran festhielt, die Angeklagten seien nicht wegen ihrer Überzeugung, sondern des Anstrebens hochverräterischer Ziele beschuldigt. „Jeder, der an der Förderung von solchen Zielen teilnimmt, sei es auch nur in geringstem Ausmaß, ist des Hochverrats schuldig."

Obwohl die Anklagen zu den schwersten seit den Februar-Standgerichten gehörten, erfolgten am 24. März überraschend milde Urteile. Sailer bekam 20, Emhart 18, Felleis 16, Kreisky und drei weitere Angeklagte 12 Monate schweren Kerkers, fünf Angeklagte wurden zu einfachem Kerker und drei zu Arreststrafen verurteilt. 13 Angeklagte (unter ihnen auch Franz Jonas) wurden überhaupt freigesprochen.

Das große Interesse des Auslandes hat zweifellos dazu beigetragen, dass die Verhandlung relativ fair geführt wurde und dass die Urteile so ausgefallen waren, dass die meisten Verurteilten unter Anrechnung der langen Haftzeit vor dem Prozess das Gerichtsgebäude in Freiheit verlassen konnten (so mancher freilich sah sich bald danach wieder in Wöllersdorf). Die konservative „Basler National-Zeitung" zog das Resümee: „Die wirkliche Schuld dieser 30 Revolutionären Sozialisten besteht in der Tatsache, dass sie nicht von einem Tag auf den anderen Verräter an den Ideen geworden waren, die sie bis jetzt gehabt hatten, wie es Tausende ihrer Landsleute taten ... Die Treue zu ihren Überzeugungen stand im offenen Gegensatz zu den zweifelhaften Methoden einer Polizeimaschine, die mit Spitzeln und Provokateuren arbeitet, wie das hier der Fall war."

Die neue Gegenreformation

Der Zufall wollte es, dass ausgerechnet am 12. Februar 1934 im Wiener „Kleinen Blatt“ Auszüge aus einem Aufsatz des Kardinals Theodor Innitzer erschienen, in denen es heißt, dass gerade das letzte Regierungsjahr mit aller Deutlichkeit darauf hingewiesen habe, wie „die göttliche Vorsehung der Umgestaltung der Welt aus demokratischen Formen zu autoritärer Führung“ rechtzeitig diesbezüglichen Lehren von Papst Pius XI. recht gebe. „Das Führerprinzip bricht sich in der Alten und in der Neuen Welt Bahn. In der Kirche herrscht es seit jeher.“ Schon in ihrem Weihnachtshirtenbrief hatten Österreichs Bischöfe sich voll zu Dollfuß und dessen „segensreichen Taten“ bekannt und das Regime hochgejubelt: „Österreich steht heute sozusagen im Mittelpunkt des Weltinteresses als Vorbild und Beispiel einer christlichen Staatsordnung …“

Papst Pius XI. hatte bereits am 15. Mai 1931 in der Enzyklika „Quadragesimo anno“ dekretiert: „Der Sozialismus, gleichviel ob als Lehre, als Bewegung oder als geschichtliche Erscheinung, auch wenn er in … Eigentumsfrage und Klassenkampftheorie der Wahrheit und Gerechtigkeit Raum gibt, bleibt mit der katholischen Kirche immer unvereinbar – er müsste denn aufhören, Sozialismus zu sein. Der Gegensatz zwischen sozialistischer und christlicher Gesellschaftsauffassung ist unüberbrückbar … Es ist unmöglich, gleichzeitig guter Katholik und wirklicher Sozialist zu sein …“

Unmittelbar nachdem Dollfuß die Wiedereinberufung des Parlaments verhindert hatte, fuhr er nach Rom, um mit dem

Vatikan Gespräche über ein neues Konkordat einzuleiten (das vorherige war 1870 gekündigt worden, ein neues konnte Bundeskanzler Seipel nicht durchsetzen). Bereits am 1. Mai 1933 lag das Ergebnis der von Justizminister Schuschnigg und Kardinalstaatssekretär Pacelli (dem späteren Pius XII.) geführten Verhandlungen vor. Dollfuß brauchte nun nicht mehr darauf Rücksicht zu nehmen, dass er im Parlament niemals die Zustimmung der Sozialdemokraten und auch der Großdeutschen zu den Wünschen der Kirche, vor allem auf dem Gebiet des Eherechts und des Schulwesens, bekommen hätte. Formell traten die Bestimmungen dieses Konkordats am 1. Mai 1934 in Kraft und wurden auch in die neue Verfassung der zum „Bundesstaat Österreich" gemauserten vormaligen Republik aufgenommen. Die linken Gegner definierten den Austro- nun auch als Klerikofaschismus.

Dollfuß rechnete mit Italiens Diktator Mussolini, der dem Vatikan die 1871 verlorene Eigenstaatlichkeit mit den Lateranverträgen (1929) zurückgegeben hatte, zwar als Schutzpatron, die Aufforderungen zur Ausschaltung der Sozialdemokraten und damit der Demokratie hatte er im Grunde nicht gebraucht. Als getreuer Sohn der Kirche fühlte er sich berufen, die Gedanken der Papstenzyklika „Quadragesimo anno" in die politische Praxis umzusetzen.

Die österreichische Bischofskonferenz bekannte sich im Dezember 1933 ausdrücklich zur autoritären Führung. Sie drückte ihr Vertrauen zum Dollfuß-Kurs dadurch aus, dass sie nunmehr alle Geistlichen anwies, ihre Mandate als Nationalräte, Bundesräte, Landtagsabgeordnete oder Gemeinderäte niederzulegen. Sie begründete dies unter anderem damit, dass die katholische Regierung ohnehin die sicherste Garantie für die Wahrung der religiösen Interessen sei. Gleichzeitig wurde so auch die Absage an die Demokratie und vielleicht auch der Todesstoß für die alte christlichsoziale Partei vollzogen, zudem konnte man sich so der direkten Verantwortung für die Unterdrückungsmaßnahmen des Regimes entziehen.

Wiens Erzbischof Kardinal Innitzer ehrt ein „diamantenes“ Hochzeitspaar.

Keine Ehescheidung für Katholiken

„Durch die von den Sozialdemokraten angestrebte Reform würde die Ehe wieder in den Sumpfboden der Sinnlichkeit verpflanzt werden, um schließlich zur Vielweiberei und zum Dirnenkult herabzusinken", warnte Kardinal Friedrich Gustav Piffl, Erzbischof von Wien, als jene 1920 die Einführung der obligatorischen Zivilehe beantragten, wie sie in Deutschland und den meisten anderen Staaten Europas schon seit Jahrzehnten Gesetz war.

Das Eherecht war schon in der Monarchie umstritten. Von 1855 bis 1868 war die katholische Kirche darin durch ein Konkordat privilegiert, danach begann ein Kulturkampf zwischen Liberalen und Konservativen, ohne dass sich an der Eheschließung vor dem Priester und Festlegung der Unauflöslichkeit der Ehe unter Katholiken im Prinzip etwas ändern ließ. Auch in der Republik scheiterte der Versuch, die zivilrechtliche Ehe allgemein einzuführen, am Widerstand des „starken Mannes" der Christlichsozialen, Prälat Seipel. Das hatte zur Folge, dass in der Ersten Republik drei Eherechte nebeneinander bestanden: für Katholiken galt das Kirchenrecht, es gab nur eine „Trennung von Tisch und Bett", aber keine Scheidung, die eine neue Heirat erlaubt hätte. Im Burgenland war die Situation eine besondere, weil Ungarn zum Unterschied vom österreichischen Reichsteil der Monarchie die Zivilehe eingeführt hatte und der burgenländische Landtag auf der Beibehaltung dieser Regelung beharrte. Schließlich gab es noch so genannte Dispensehen: Die Landeshauptleute konnten auf Antrag Ehepartner vom kirchenrechtlichen Ehehindernis der bestehenden Ehe befreien und so eine Wiederverheiratung ermöglichen (wovon vor allem vom sozialdemokratischen NÖ-Landeshauptmann Albert Sever und in Wien Gebrauch gemacht wurde). Es kam allerdings zu zahlreichen Anfechtungen, und der Wirrwarr wurde noch dadurch vergrößert, dass der OGH die „Severehen“ für ungültig erklärte, der VfGH sie hingegen anerkannte.

Dieser Ausweg, der schätzungsweise 50.000 Dispensehen und die Legitimierung von 40.000 Kindern ermöglichte, wurde – auch im Burgenland – durch das von der Dollfuß-Regierung mit dem Vatikan abgeschlossenen Konkordat versperrt. Manche freilich konnten sich's richten, wie der „Heimwehrfürst“ Starhemberg, dessen erste Ehe der Vatikan annullierte. Diese Bevormundung war eine der Maßnahmen, die bei vielen Menschen großen Unmut erzeugten und sie eine Änderung herbeisehnen ließ. Mit Einführung des deutschen Eherechts 1938, das die obligatorische Zivilehe vorschrieb (was 1945 beibehalten wurde) führte der Rückstau dann zu zahlreichen Scheidungen.

Ebenso böses Blut machte die häufig mit Druck erzielte „Rückkehrbewegung“ von aus der Kirche Ausgetretenen, zumal Konfessionslose nicht nur im öffentlichen Dienst kaum noch Berufschancen hatten. In den Jahren 1920/21 und dann wieder nach dem Massaker vor dem Justizpalast 1927 hatte es Massenaustritte aus der katholischen Kirche gegeben. Nun bevorzugten viele „Rückkehrer“ den Eintritt in die evangelische oder die altkatholische Kirche. Man zählte schätzungsweise an die 50.000 „Rückkehrer“. Der Anschluss an Hitlerdeutschland brachte dann eine neue Austrittswelle, zumal man sich dadurch auch die nun an Stelle der staatlichen Subventionen eingeführte Kirchensteuer ersparen konnte. Allerdings war das „rote“ Bekenntnis als Konfessionsloser verfemt, man war nun „gottgläubig“.

Ideologischer Kampfplatz Schule

Neben dem Eherecht war das österreichische Schulwesen seit einem halben Jahrhundert der wichtigste Austragungsort des

„Kulturkampfes" gewesen, der zwischen den Liberalen und Sozialdemokraten auf der einen und der Kirche und den Christlichsozialen auf der anderen Seite tobte. Das autoritäre Regime und das Konkordat verhalf auch auf diesem Gebiet dem politischen Katholizismus zu einem – freilich kurzlebigen – Sieg.

Das Reichsvolksschulgesetz des Jahres 1869 hatte eine liberale Wende im österreichischen Schulwesen gebracht. Der Einfluss der Kirche auf die Schule im Allgemeinen und die Lehrgegenstände und Lehrbücher im Besonderen wurde zugunsten der staatlichen Schulaufsicht beendet; allerdings blieb die religiöse Erziehung weiter im Rahmen der Schule. Den Versuchen der Christlichsozialen, das Volksschulgesetz in Richtung auf die frühere Konkordatsschule zu durchlöchern, stellte sich der von Liberalen und Sozialdemokraten gegründete Verein „Freie Schule" entgegen. Mit dem Ende der Monarchie schien die Chance gekommen, das SP-Ziel einer konfessionsfreien Schule durchzusetzen. Die große Leistung des Schulreformers Otto Glöckel war die Umwandlung des Drill- in den Arbeitsunterricht, doch sie wurde von den Kämpfen um die Beschränkung des kirchlichen Einflusses auf die Schule überlagert.

Die von Glöckel angestrebte Auslagerung des Religionsunterrichts aus der Schule war nicht durchzusetzen, doch schon der „Glöckelerlass" von 1919, der jede schulische Zwangsausübung auf die Kinder bzw. deren Eltern in der Frage der Teilnahme an religiösen Übungen untersagte, stieß auf hasserfüllten Widerstand. Nach dem Ende der Koalition mussten sich die Glöckel'schen Weisungen auf Wien beschränken, so der „Katechetenerlass" von 1926, der den Religionslehrern verbot, die Kinder nach der Teilnahme an religiösen Übungen zu befragen. (Den Autor, Volksschüler im „Ständestaat", beschleichen unangenehme Erinnerungen an einen permanenten Zwang zu Notlügen, mit denen sich die gewieftesten Kinder halfen, wenn der Katechet montags die Klasse abfragte, wo sie am Sonntag die Messe besucht hatten).

Unterrichtsminister Anton Rintelen hob wenige Wochen nach Ausschaltung des Parlaments die Glöckel-Erlässe auf, Kardinal Innitzer bedankte sich ausdrücklich für diese von der „Reichspost“ gerühmte „Forträumung des Revolutionsschuttes“. Aus dem Reichsvolksschulgesetz, so die kirchliche Auslegung, ergebe sich „die Verpflichtung zur Überwachung der Schulkinder bei den verbindlichen religiösen Übungen durch Lehrkräfte des betreffenden Glaubensbekenntnisses“. Diese Überwachung war offenbar um so notwendiger, als in fast allen Städten und Industriepfarreien Kinder „abgefallener“ Eltern gruppenweise feierlich getauft und mit Taufpaten versorgt wurden.

Die katholische Kirche mit ihren höchsten Repräsentanten war Nutznießer wie Stütze des autoritären Regimes und konnte trotz humanitärer Hilfestellungen keine Brücke der Versöhnung mit der Arbeiterschaft finden.

Vom radikalen zum „Gummisohlen"-Antisemitismus

„Ja, wissen S', der Antisemitismus is a sehr gutes Agitationsmittel, um in der Politik hinaufzukommen; wenn man aber amal oben ist, kann man ihn nimmer brauchen; denn dös is a Pöbelsport": Diese zynische Aussage des Gründervaters der Christlichsozialen Partei, Karl Lueger, wird von einem Zeitgenossen überliefert, der ihn als Kommunalpolitiker bewunderte. Lueger hatte in Versammlungen der katholischen Reformbewegung des Freiherrn von Vogelsang die Erfahrung gemacht, dass vor kleinbürgerlichem Publikum judenfeindliche Reden am besten von allen Themen ankamen. Hitler hat den demagogischen Antisemitismus nach eigenem Eingeständnis von Lueger übernommen; zum Unterschied von diesem dürfte aber der fanatische Hasser von einer den Juden zugeschriebenen Weltverschwörung wirklich überzeugt gewesen sein.

In der Christlichsozialen Partei der Ersten Republik war Antisemitismus lange Zeit programmatisch untermauert. Einer seiner extremsten Vertreter war der Gründer des Christlichen Arbeitervereins, Leopold Kunschak. 1919 schlug er im christlichsozialen Parlamentsklub eine „Lösung der Judenfrage" (die in Wien infolge der Zuwanderung vieler Juden aus den galizischen Kriegsgebieten gestellt wurde) vor, eigene jüdische Volks- und Mittelschulen einzurichten, an der Universität einen Numerus clausus für Juden einzuführen und sie zu bestimmten Berufen nur im prozentuellen Verhältnis zur Bevölkerung zuzulassen. Ignaz Seipel konnte seine Parteifreunde durch den Hinweis, dass Österreich durch ein solches Gesetz Sanktionen der Westmächte drohen würden, von einer Annahme abbringen. Allerdings war auch Seipel nicht frei von antijüdischen Vorurteilen. So sah er in einer Führungsrolle der Sozialdemokratischen Partei auch deshalb eine Gefahr, weil dann Christen von Juden beherrscht würden.

Die Wiener Christlichsozialen traten 1918/19 für einen „Verteidigungskampf gegen jüdische Korruption und Herrschsucht" ein, um so „den deutschen Charakter Wiens zu wahren". Sie verlangten, Juden als eigene Nation anzuerkennen und traten dafür ein, die massenweise geflüchteten Ostjuden auszuweisen oder in Lagern unterzubringen; es war Otto Bauer, damals kurze Zeit Außenminister der republikanischen Regierung, der sie davor bewahrte. Vertreter aller bürgerlichen Parteien fanden schon 1919 im Deutsch-Österreichischen Schutzverein der Antisemiten („Antisemitenbund") zusammen, dessen Agitation bis 1924 und dann wieder nach 1933 eine Rolle spielte. Sein Führer war der christlichsoziale Nationalratsabgeordnete Anton Jerzabek, der den Juden „krankhafte Zersetzung des deutschen Volkes" vorwarf und sich auch als Kämpfer für die Sittlichkeit – so gegen den Auftritt von Josephine Baker – hervortat.

Hatte Kunschak seine Angriffe zunächst gegen den „jüdischen Kapitalismus" gerichtet, so wurde sehr bald die „verjudete" Sozialdemokratische Partei das Hauptangriffsziel der Christlichsozialen. Der Niedergang des Liberalismus, von dem sich die Juden vertreten sahen, führte dazu, dass sich viele der Sozialdemokratie zuwandten. Parteigründer Victor Adler war selbst jüdischer Herkunft, aber wie viele andere assimilierte Intellektuelle war er ein vom Judentum „Abtrünniger". Zum Unterschied von der SDAP waren schon in der Monarchie die Christlichsozialen und die diversen deutschnationalen Parteien offen antisemitisch, manche weigerten sich sogar, Juden als Mitglieder aufzunehmen. Die Sozialisten hingegen akzeptierten Juden nicht nur als Mitglieder, sondern brachten sie auch in führende Positionen. Am Beginn der Ersten Republik waren schätzungsweise 80 Prozent der sozialistischen Intellektuellen jüdischer Herkunft. Karl Renner war einer der wenigen Sozialdemokraten der obersten Führungsschicht der Partei ohne jüdischen Hintergrund. Führende sozialistische Journalisten (Friedrich Austerlitz war von 1895 bis 1931 Chefredakteur der „Arbeiter-Zeitung“, ihm folgte Oscar Pollak), sozialdemokratische Ärzte und Rechtsanwälte waren in der Mehrzahl jüdisch. Geschätzte 75 Prozent der Wiener Juden wählten sozialdemokratisch. Daran änderte auch wenig, dass die Partei dem Zionismus ablehnend gegenüberstand, während die Zionisten manchmal Übereinstimmung mit den Kunschak-Ideen der Separierung der Juden als nationale Minderheit und die Förderung ihrer Auswanderung fanden.

In den katholischen und christlichsozialen Druckerzeugnissen, insbesondere in dem von den Kirchenoberen geförderten Wochenmagazin „Schönere Zukunft“ und im christlichsozialen Parteiorgan „Reichspost“, waren antisemitische Beiträge häufig. In ihnen kam sowohl der traditionelle katholische Antijudaismus als auch die Ablehnung des „jüdischen Marxismus“ mit dem Drohgespenst des Bolschewismus, für den die sozialdemokratischen Austromarxisten nur Schrittmacher seien, zum Ausdruck. Der Linzer Bischof Johannes Maria Gföllner verlangte 1933 in einem Hirtenbrief unter Bezugnahme auf diesen Vorwurf: „Diesen schädlichen Einfluss des Judentums zu bekämpfen und zu brechen ist nicht nur das gute Recht, sondern strenge Gewissenspflicht eines jeden überzeugten Christen.“ Zwar suchte man sich vom „Rasseantisemitismus“, der von den Nazis zum absoluten Glaubenssatz erhoben wurde, zu distanzieren, aber in der Argumentation verschwammen solche theoretischen Grenzziehungen; so wurde immer wieder „bewiesen“, dass „die Juden“ eine Weltherrschaft anstrebten. Heftig tobte auch der „Kulturkampf“ gegen die sozialdemokratische Politik in Wien, der unterstellt wurde, dass die jüdischen Führer durch Forderungen wie die eines all-

Die Christlichsozialen warben bei Wahlen in den 1920er Jahren mit antisemitischer Hetze.

gemeinen Eherechts, durch Glöckels Schulreform oder durch eine laxe Liberalität in der Kunst das Christentum sowie die Sexualmoral untergraben wollten.

Der letzte Vorsitzende der Christlichsozialen Partei vor deren Aufgehen in der Vaterländischen Front, Emmerich Czermak, veröffentlichte 1933 ein Buch über „Ordnung in der Judenfrage", in dem er behauptete, dass die Assimilierung fehlgeschlagen sei; „Inmitten des Gastvolkes bleiben die Juden, mit den gleichen Rechten, ein Fremdkörper." Deshalb sollte für sie ein eigenes Minderheitengesetz geschaffen werden. Die Führung des Staates müsse ausschließlich in der Hand der Christen bleiben.

Die Haltung der Heimwehr war ambivalent: ihr unerschütterlicher Antimarxismus sicherte die benötigte finanzielle Unterstützung durch jüdische Bankiers wie Rudolf Sieghart, Industrielle wie Fritz Mandl und die jüdisch dominierte Versicherungsanstalt „Phönix". „Patriotische Juden" aus der oberen Mittelschicht, die sich besonders gegen die vom „Roten Wien" eingeführten Hausherren- und Luxussteuern wandten, waren der Heimwehr willkommen. Vor ihren Gefolgsleuten führte so mancher Heimwehrführer aber eine ganz andere Sprache. Während der Tiroler Heimwehrchef Richard Steidle betonte, er führe nur einen Kampf gegen jüdische Marxisten und „destruktive" Ostjuden, gab sich Starhemberg, der Rothschild als Financier verpflichtet war, vor entsprechendem Publikum als radikaler Hetzer: Die Heimwehr wolle einen „Volksstaat" schaffen, aber: „Unter Volksgenossen meine ich nur jene, die die Rasseninstinkte der Deutschen tragen, in deren Adern deutsches Blut fließt. Mit dem Volk meine ich nicht jene fremden, plattfüßigen Parasiten aus dem Osten, die uns ausbeuten." Österreich, meinte er, habe den Krieg wegen einer fremden Rasse verloren, die in den Kaffeehäusern herumsitze. Der Heimwehrführer Franz Hueber, Schwager Hermann Görings, im Kabinett Vaugoin Justizminister, verlangte, dass „rassisch unreine Elemente" aus dem öffentlichen Leben entfernt würden. Der gewalttätige Antisemitismus der aufsteigenden Nazis fand insbesondere in der Steiermark so viel Anklang, dass sich der Heimatschutz dort 1933 spaltete (zumal die 1926 in deutsches Eigentum übergegangene Alpine-Montan nun Geldgeber der Heimwehr war).

Das offizielle Programm der Christlichsozialen stellte noch 1932 Antisemitismus als wesentliches Element der Parteiideologie dar und warf den Juden „zersetzenden revolutionär umstürzlerischen Einfluss" vor. Obwohl Dollfuß und Schuschnigg aus der Christlichsozialen Partei kamen, äußerten sie sich öffentlich nie antisemitisch. Die Ablehnung und schließlich das Verbot der NSDAP in Österreich änderte auch das Verhältnis vieler jüdischer Bürger und Organisationen zur Regierung. Die dem Zionismus nahe stehende jüdische Presse verteidigte Dollfuß gegen ausländische Kritik an der Niederschlagung der Sozialdemokratie und wies darauf hin, dass die jüdischen Führer der Sozialdemokratie schon längst mit dem Judentum gebrochen hätten; sie könnten gar nicht als Juden angesehen werden. Jüdische Arbeiter wurden beschworen, vom Sozialismus abzulassen. Die Juden durften sich vom Regime geschützt fühlen: Nach dem Juliputsch wurde auch die Verbreitung des deutschen Hetzblatts „Der Stürmer" in Österreich verboten.

Wenn sich das austrofaschistische Regime hütete, Antisemitismus als politisches Instrument zu gebrauchen, so hatte das innen- und außenpolitische Gründe. Zum einen wurde versucht, die Februaraufständischen als von ihren Führern verführt und verraten auszugeben, zum anderen sollte in der Abwehr der Nazis der Eindruck eines Gleichklangs mit jenen vermieden werden. Auch wollte man jüdische Bankiers und Industrielle als Geldgeber nicht verärgern. Aber wichtiger war noch, dass es galt, Österreich in den USA und in Großbritannien nicht als antisemitisches Land erscheinen zu lassen, weil man auf deren Hilfe gegen Hitler zählte. Dollfuß hatte nach einem Protest des US-Gesandten gegen die judenfeindlichen Ausschreitungen an der Universität 1933 zeitweise die Autonomie, die der Polizei das Betreten des akademischen Bodens verbot, aufgehoben. Eine halboffizielle US-Warnung, Österreich könne nicht mit einem Land zusammenarbeiten, das Personen auf Grund ihrer Geburt verfolge, veranlasste Dollfuß 1933 zu einer Radiobotschaft, die dies in Abrede stellte. Die antisemitische „Schönere Zukunft" allerdings fand solche Warnungen aus einem Land, das strenge Rassentrennung praktiziere, als heuchlerisch.

Der „versteckte Antisemitismus" (B. F. Pauley) trat, vom Regime geduldet, immer wieder in Erscheinung. So forderte das Organ von Schuschniggs „Ostmärkischen Sturmscharen" einen „besseren Antisemitismus" als Hitlers Gewaltpolitik, und zwar in Form der „Abkehr vom Ungeist der jüdischen Geldwirtschaft". Die in relativ hoher Auflage erscheinenden, von Deutschland finanzierten „Wiener Neuesten Nachrichten" brachten unbehelligt immer wieder antisemitische Beiträge. Der „Antisemitenbund" erwachte zu neuem Leben und wurde von zahlreichen illegalen Nazis infiltriert. In mehreren Auflagen erschien das Buch „Geist und Blut" des Prähistorikers Oswald Menghin, der darin schrieb, dass Rassenvermengung die Völker schädige. Der katholische Jugendführer Anton Orel warf den Juden vor, die Ständeordnung zerstört zu haben, sie erstehe nun im vaterländischen Österreich wieder. Auch warnte er wörtlich vor einer „Umvolkung" der deutschen Österreicher. Über antisemitische Haltungen kleiner und mittlerer Beamten wurde von jüdischer Seite häufig – und vergeblich – Klage geführt. Der VF-Geschäftsführer Josef Tzöbl schrieb über „Wesen und Wert des Volkstums" dass die „leibliche Abstammung" für die Zugehörigkeit zu einem Volk maßgebend sei. „Fremdlinge" (unmissverständlich waren Juden gemeint) könnten schon deswegen keine Österreicher sein, weil es „ihre orientalische Herkunft an den natürlichen Voraussetzungen dafür" fehlen lasse.

Auch persönlich erfuhren jüdische Mitbürger Nachteile. Nach dem Februaraufstand wurden viele Verträge jüdischer

Spitalsärzte nicht verlängert, auch wenn sie nicht der SDAP angehört hatten; Juden wurden in öffentlichen Krankenhäusern nicht mehr angestellt. Es bestand ein Plan, dass die Aufnahmesperre so lange gelten sollte, bis die Zahl der jüdischen Ärzte auf 20 Prozent gesunken wäre. Auch bei den Rechtsanwälten und im Bankwesen zeigte sich die Regierung an einer solchen Reduzierung interessiert. In die Vaterländische Front wurden Juden zwar aufgenommen, doch hatten sie keinerlei Aufstiegschancen in deren Hierarchie. In jüdischen Kreisen sprach man vom „Gummisohlen-Antisemitismus". Aufregung verursachte es, als bekannt wurde, dass das Unterrichtsministerium in einem Erlass die Bildung von „parallelen" Klassen an den Mittelschulen anordnete – in der einen die katholischen Schüler, in der anderen jüdische und konfessionslose. Die Kultusgemeinde protestierte offiziell bei der Regierung – die Regelung würde den Graben zwischen Christen und Juden noch vertiefen. Schuschnigg erwiderte, dies erleichtere nur die Gestaltung des Religionsunterrichts, doch wurde die Verordnung, auch nach Protesten aus dem Ausland, nur ausnahmsweise realisiert.

Staatsratsmitglied Leopold Kunschak hielt die Zeit für reif, seinen Gesetzesentwurf aus dem Jahr 1919 an die Öffentlichkeit zu bringen. Dabei bekannte er sich 1936 in einer öffentlichen Rede stolz als „lebenslangen Antisemiten" und wollte für das „jüdische Problem" nur zwei Lösungsmöglichkeiten sehen: „Entweder löst man die Judenfrage rechtzeitig, Eingebungen der Vernunft und Menschlichkeit folgend, oder sie wird gelöst werden, wie das unvernünftige Tier seinen Feind angeht, im Toben wildgewordenen Instinkts."

In den Exzessen der Märztage 1938 sollte sich dies in Wien bewahrheiten, und das war erst ein Anfang. Dass der Boden dafür auch von den Christlichsozialen aufbereitet worden war, wollen deren politischen Nachfahren bis heute nicht wahrhaben.

Volkstümler, Mucker und Zensoren

„Liberales Herrentum auf der einen Seite und marxistischer Sozialismus auf der anderen haben dazu geführt, Volk und Kultur … immer mehr zu entfremden. Es gibt keine ‚Kunst für die Kunst‘ und es gibt keine Klassenkultur und Klassenkunst. Sie ist da für das ganze Volk, zur inneren Bereicherung und zu edlem Genuss … Darum pflegen wir in Stadt und Land das alte Brauchtum, die Volksmusik, und unternehmen auf der anderen Seite den Versuch, die klassischen Leistungen der Kunst allen zugänglich zu machen.“ So umriss der Lyriker, VF-Kulturfunktionär und spätere Minister Guido Zernatto die Aufgabe des kulturpolitischen „Frontwerks Neues Leben“. Wenn im Programm nicht auch das Wort „österreichisch“ enthalten gewesen wäre, hätte man es auch für einen NS-Entwurf halten können. Die austrofaschistische Bevorzugung des „Erdhaften“, der Heimattümelei, allerdings statt des Nazi-Neuheidentums eng verknüpft mit dem Muckertum der im Ständestaat triumphierenden katholischen Kirche, sollten, wie Dollfuß in der „Reichspost“ schrieb, weg vom verwerflichen „jüdisch-marxistischen Geist“ führen.

Es war kein Ausrutscher, dass das christlichsoziale Organ 1933 die Bücherverbrennungen in Hitlers Reich anerkennend kommentierte. Während in der „Arbeiter-Zeitung“ der deutsche Schriftsteller Oskar Maria Graf gegen diese Barbarei mit der leidenschaftlichen Aufforderung „Verbrennt auch mich“ protestierte, schrieb die schwarze „Reichspost“: „Dass die nationale Bewegung in Deutschland das Volk von dem namenlosen Bücherschmutz und dem Gift befreien will, die seit dem Umsturz sich als Literatur auftun durften, entspricht gesunden Instinkten … Die Reihe der zum Feuertod verurteilten Bücher … weist keine auffallenden Namen auf. Die da betroffen werden, stehen nicht umsonst auf der Proskriptionsliste. Österreichern, die sich in dem Reigen jener gewissen Literaten eingefunden haben, steht kein Recht auf eine Ausnahmestellung zu." Und ein paar Tage später bekräftigte das Blatt: „Die Strömung, die innerhalb kurzer Zeit die die deutsche Volksseele vergiftende Asphalt- und Zersetzungsliteratur fremdrassiger und einheimischer Provenienz hinweggeschwemmt hat, ist im Namen deutscher Würde und Ehre wärmstens zu begrüßen." So mancher Literatur- und Kunstschaffende aus Deutschland konnte schon daraus entnehmen, wie wenig willkommen er im „Ständestaat" war; dieser war oft nur als „kleineres Übel" – mitunter dennoch rettende – Durchgangsstation. Der vom Regime erhobene Anspruch, das zweite, „bessere" deutsche Land darzustellen, war für sie nur beschränkt glaubwürdig.

Ein Jahr später sahen die nun offen zu Austrofaschisten gewandelten Christlichsozialen die Chance, auch die österreichische Volksseele von solcher Literatur zu befreien. Nach dem Verbot der Sozialdemokratischen Partei wurden im ganzen Land Säuberungen der Büchereien durchgeführt. Insbesondere die Arbeiterbücherein der Gemeinde Wien wurden akribisch – zum Teil unter Beiziehung von Kaplänen unter Überwachung durch den Jesuitenpater Georg Bichlmeir – durchforstet. Von den 306.377 Büchern im Jahr 1933 blieben bis 1936 nur noch 277.508 im Bestand; davon waren rund 18.000 neu angeschaffte Bände. Ausgeschieden wurden keineswegs nur marxistische politische Literatur oder Werke, die von den „fachkundigen" Zensoren als antireligiös, unsittlich oder kirchenfeindlich eingestuft wurden, auch Bücher von Schriftstellern wie James Joyce, Egon Erwin Kisch, André Malraux oder Jaroslav Hasek blieben, wenn schon nicht beschlagnahmt, zumindest für die

Ausleihe verboten. Viele Tausende Bände wurden der Nationalbibliothek übergeben, die so kostenfrei ihren Bestand vermehrte, wenn auch vieles nur für wissenschaftliche Zwecke gelesen werden durfte. Die Regale der für das „gemeine Volk" zugänglichen Bibliotheken füllten sich mit Werken von Karl Waggerl und zahlreichen kleineren Kalibern der „Heimatdichtung" und des historischen Romans, von denen die meisten (wenn sie nicht ohnehin, wie Bruno Brehm mit seiner viel gelesenen Trilogie über den Untergang der Habsburgermonarchie oder Mirko Jelusich, der mit „Cromwell" einen bewundernden Schlüsselroman über Hitler schrieb, schon illegale Nazis waren) nach dem Anschluss wohlgelitten blieben. Daneben nahm natürlich katholische Erbauungsliteratur einen wichtigen Platz ein.

Die „Reichspost" begrüßte es auch, dass am Palmsonntag 1934 im Burgtheater mit der Aufführung eines Passionsspiels nun dort „auf die großen kirchlichen Feste Bedacht genommen" würde. So standen Stücke heute längst vergessener katholischer Autoren wie „Die Landgräfin von Thüringen" (über Elisabeth, „die letzte große deutsche Heilige") oder „Himmlische Hochzeit" auf dem Spielplan. Aber auch vor dem faschistischen Protektor in Rom musste der Kotau gemacht werden: Mussolinis Dramen „Hundert Tage" und „Julius Cäsar" gingen über die Bretter der Staatsbühne. Andererseits verordnete der Theaterzensor der Burg „Selbstzensur": So wurde aus dem Eingangsmonolog von Fausts Klage über seine frustrierenden Studien die Theologie gestrichen! Für die Werke von „Kulturbolschewiken", die das Dritte Reich verlassen hatten, wie Bert Brecht oder Anna Seghers, war auf den Bühnen und in den Büchereien kein Platz.

Die sich aus dem jahrelang geführten „Kulturkampf" mit der Linken als triumphierender Sieger hervorgegangen wähnende Kirche und das ihr hörige Regime sorgten sich mit Eifer um die Wahrung der Moral und Behütung vor „Verführung" der bevormundeten Bürger. Kardinal Innitzer persönlich forderte die Regierung auf, rasch ein wirksames Filmzensurgesetz zu beschließen; andernfalls die Kirche „Selbsthilfegruppen" zum Boykott „unsittlicher" Filme aktivieren würde. Schon vor der Dollfuß-Diktatur waren die Christlichsozialen in Protesten gegen die „Unsittlichkeit" den Nazis kaum nachgestanden. So verursachte das Auftreten der Tänzerin Josephine Baker im Bananenröckchen ungeheure Skandale. Sogar das österreichische Parlament wurde damit behelligt, wobei sich der Debattenbeitrag des empörten christlichsozialen Abgeordneten Anton Jerzabek wie eine Kabarettszene liest. Er schilderte die „Halbblutnegerin" zur Erheiterung der Linken so: „Dieselbe trägt als Bekleidung eine Perlenschnur um die Hüften und seitlich dran angeheftet einige Straußenfedern, wohlgemerkt: seitlich angeheftet! Ihre Avers- und Revers-Seite ist fast gänzlich unbedeckt. Das, was sich da vorfindet, kann man höchstens als Briefmarke bezeichnen, eine andere Hülle ist das nicht … Worin besteht die Kunst dieser Dame? Ich habe es allerdings noch nicht gesehen (Rufe: Ah so!), aber ich habe schon davon erzählen gehört. Die ganze Kunst dieser Dame besteht nämlich nur in den absonderlichsten Verrenkungen, Verzerrungen und Drehungen ihres Körpers, wobei besonders darauf Bedacht genommen wird, dass das Hinterteil dem Beschauer möglichst ausgiebig zur Bewunderung präsentiert wird …" Das stand dem Wüten der Hakenkreuzler, die von „Schweinetänzen" und der „schwarzen Schande" sprachen, nur wenig nach. Dafür gab es aber wegen des Auftretens der Baker, weil es die Wiener Behörden nicht untersagten, einen Sühnegottesdienst in Sankt Stephan. Zu klerikaler Selbsthilfe wie gegen die Auftritte der anderswo gefeierten „schwarzen Venus" oder auch gegen den Film „Ekstase" mit einer Nacktszene von Hedy Kiesler-Lamarr, der im Jahr des Regierungsantritts von Dollfuß wütende Proteste hervorrief, brauchten die Bischöfe nun mit Erlass eines neuen Zensurgesetzes nicht mehr aufzurufen. Dem Zensurgesetz nahmen die Produzenten durch Selbstbeschränkungen die Zähne, so dass Verbote selten erfolgten. Hingegen wurde mit dem Blick auf den Export nach Deutschland zunehmend auf die Mitwirkung jüdischer Schauspieler verzichtet und für die Nazis unerwünschte Dialoge wurden vermieden.

Schon vor 1938 zogen namhafte Kulturschaffende die Emigration dem Verbleib in Österreich vor. Stefan Zweig wählte aus Protest gegen Schikanen im Verlauf der Februarkämpfe 1934 London als neuen Wohnsitz; die Zerschlagung der Sozialdemokratie bezeichnete er seherisch als den „Selbstmord der österreichischen Unabhängigkeit". Max Reinhardt, Hilde Spiel, Robert Neumann, Ferdinand Bruckner verließen das Land; dass ihnen Guido Zernatto bald folgen würde, war noch nicht vorauszusehen. Robert Musil äußert in seinen Aufzeichnungen Gedanken zur austrofaschistischen Kulturpolitik, die eine innere Emigration andeuten (der dann 1938 das Exil folgte).

Die kulturpolitischen Bemühungen der Sozialdemokratie, dem Proletariat sowohl den Zugang zu den geistigen Höhen von Wissen und Kunst zu öffnen als auch die Leiber durch Aufklärung und Körperkultur zu befreien, wurden durch das Verbot sämtlicher Bildungs- und Sportvereine mit einem Schlag gestoppt. So weit die nicht politisch klar gebundene Volksbildung erhalten blieb, wurden dort vor allem unliebsame Referenten ausgemerzt.

Nackte Staatsfeinde

Unter den Freiheiten, die das Jahrzehnt nach dem Ersten Weltkrieg gebracht hatte, missfiel den diktatorischen Behörden unter anderem eine, die Unbefangenen weit weg von politischer Betätigung scheinen musste: Das Baden ohne Textilien wurde vom Ständestaat-Regime als sündhaft und als Bestätigung für illegale Umtriebe betrachtet.

„Manchmal ist die berittene Polizei plötzlich aufgetaucht

Mit der Freiheit der nackten „Lobaubrüder"
war es 1934 vorbei.

und hat alle verhaftet, die nackt waren. Daher war ein Dienst eingerichtet: Wenn jemand Polizisten gesehen hat, hat er laut gepfiffen. Das hat sich über die ganze Hirscheninsel fortgepflanzt, und so hat die Polizei meistens niemanden erwischt." Jenny Strasser, in den frühen dreißiger Jahren Funktionärin der Sozialistischen Arbeiterjugend, hat erlebt, wie das Dollfuß-Regime den Freunden des textilfreien Badens, das in den Jahren zuvor bei der Wiener Bevölkerung wachsenden Zuspruch gefunden hatte, die sorg- und kostenlosen Sommerfreuden auf der Hirscheninsel in der Lobau und anderen Badeplätzen an der Donau vermiest hat.

Der Aufstieg der FKK, die sich damals noch weniger verschämt „Nacktkultur" nannte, wurde 1933 abrupt unterbrochen. Die sich als Vollstrecker klerikaler Moralgebote verstehende Regierung hatte nach Ausschaltung des Parlaments eine Notverordnung „zum Schutze der Sittlichkeit und Volksgesundheit" erlassen. Politisch orientierte FKK-Vereine wurden aufgelöst, Geselligkeitsvereinen wurde das Nacktbaden untersagt und „wilde" Nudisten wurden verfolgt. Hunderte von diesen waren, wie ein anderer Zeitzeuge berichtet, Arbeitslose, die mit Frau und Kindern per Fahrrad oder zu Fuß in die Lobau kamen, nicht selten auch den ganzen Sommer über dort blieben. Es kamen Sozialdemokraten und Kommunisten, auch Nazis (die allerdings das Ufer gegenüber Greifenstein bevorzugten), sowie Leute, die nur einfach auf das lästige Badekleid verzichten wollten. „Aber nicht nur die Nacktheit war ihnen gemeinsam ... auch das eiserne Zusammenhalten gegenüber den Hütern der Obrigkeit, die beritten oder zu Fuß Jagd auf die illegalen ‚Nackerten' machten. Höherenorts betrachtete man die Hirscheninsel als einen Ort abgründiger Verschwörung, und es wurde alles Menschenmögliche getan, um den Arbeitslosen dortselbst den Aufenthalt zu verleiden ..."

So etwa, als der illegale KPÖ-Pressedienst über ein Verbot des Aufschlagens von Zelten im Überschwemmungsgebiet berichtete: „Sind die österreichischen Bourgeois, die die heißen

Tage in luxuriösen Badeorten verbringen, den arbeitslosen Proleten ihre Gratisriviera in der Lobau etwa neidig? Das wohl nicht. Wir leben ja in einem sozialen Ständestaat, wo eben jedem ein standesgemäßes Vergnügen zukommt. Aber wo mal viele Proleten zusammenströmen, da wird halt weniger vom Ständegedanken als von der Diktatur des Proletariats gesprochen …"

In den bornierten Vorstellungen des austrofaschistischen Polizeistaates war offenbar von vornherein klar: Wer nackt badet, deklariert sich als Staatsfeind. Das machte viele FKK-Freunde auch vorsichtig. So berichtet Maria Bayza, eine junge Erzieherin bei der Gemeinde Wien, die im „Arbeitskreis Sozialistischer Lehrer" die Sommertage in der Lobau verbrachte: „Wir waren eine ganze Clique. Premiere war jeweils der Nachmittag des Ersten Mai. Nach dem Aufmarsch musste gebadet werden, auch wenn es sehr kalt war. Wir haben mit Diskus, Kugel, Springschnur nackt gespielt, sind um die Insel gelaufen …" 1934 wurde alles anders, sie musste einen Erlass unterschreiben: „Wer mit mangelhafter Bekleidung angetroffen wird, hat mit disziplinären Folgen zu rechnen." Das war eindeutig gegen die Lobau gerichtet. Sie wurde vorsichtiger, zumal ihre Familie wegen ihres Bruders, der Kommunist war, wiederholt Hausdurchsuchungen erleben musste. „Einen der Beamten habe ich dann in der Lobau als Nackerten wiedergetroffen. Da habe ich mich endgültig nicht mehr hinuntergetraut …"

Der „zweite deutsche Staat“

„Der Nationalsozialismus ist die barbarische Erneuerung von Potsdam. Österreich ist das letzte Bollwerk des deutschen Geistes! Österreich war ein großes deutsches Land, als die Preußen noch kein Wort Deutsch sprachen und Pferdeblut den Heidengöttern opferten ... Österreicher, lernt eure Geschichte!“

Aufrufe wie dieser von der Vaterländischen Front herausgegebene umreißen das ideologische Dilemma, in das sich der Austrofaschismus mit der Proklamation eines „christlichen deutschen Bundesstaates“ und dem Beharren auf die Souveränität als „zweiter deutscher Staat“ begeben hatte. Eines Staates, der nach dem Selbstverständnis der Ersten Republik im Grunde eine nach der Aufteilung der Habsburgermonarchie von den Weltkriegssiegern – genau genommen: vor allem von Frankreich – ausbedungene Lösung war. Sogar der selbstgewählte Name „Deutschösterreich“ wurde der Republik verboten. Die erste Hymne der Republik, gedichtet von Karl Renner, begann trotzdem mit den Worten: „Deutschösterreich, du herrliches Land“, und die „Arbeiter-Zeitung“ untertitelte sich bis zum 12. Februar 1934 „Zentralorgan der Sozialdemokratie Deutschösterreichs“.

Im großen Habsburgerreich, seit 1867 in der „zisleithanischen“ Reichshälfte, waren alle Untertanen des Kaisers Österreicher gewesen. Unter den Nationalitäten, die es bewohnten, gab es als vorherrschende eine deutsche, aber keine österreichische. Die Grenzziehungen beim Zerfall der Monarchie hätten sich nach den Regeln des Nationalismus des 19. Jahrhunderts und des Selbstbestimmungsprinzips nach Sprachgebieten vollziehen müssen. Dafür waren in Österreich die Sozialdemokraten, die Großdeutschen sowieso, mit einiger Zurückhaltung selbst die Christlichsozialen, trotz Illusionen mancher über eine habsburgische Restauration, den Befürchtungen einer protestantischen Übermacht, antipreußischen Ressentiments und bürgerlichen Ängsten vor der deutschen Konkurrenz. Die Frage nach einer „österreichischen Nation" hat sich damals für die österreichischen Staatsbürger gar nicht gestellt, weil sie so auch in der Monarchie nicht gestellt war. So kam es, dass die Provisorische Nationalversammlung im November 1918 als Gesetzentwurf verkündete: „Art. 1: Deutschösterreich ist eine demokratische Republik. Alle öffentlichen Gewalten werden vom Volke eingesetzt. Art. 2: Deutschösterreich ist ein Bestandteil der Deutschen Republik." Das vom amerikanischen Präsidenten Wilson verkündete Selbstbestimmungsrecht legte das Parlament so aus, dass es nicht nur Südtirol, sondern auch die deutschsprachigen Randgebiete Böhmens und Mährens als Teile Deutschösterreichs beanspruchte (eine solche Grenzziehung wäre also überhaupt nur beim „Anschluss" Österreichs an Deutschland möglich gewesen). Im Friedensvertrag von Saint-Germain-en-Laye musste die Republik 1919 auf den Anschluss, der ja eine Stärkung des besiegten Deutschlands bedeutet hätte, verzichten.

Neben der Großdeutschen Volkspartei, in der sich die verschiedenen deutschnationalen Gruppierungen der Monarchie zusammengefunden hatten, wurde die Parteilinke der Sozialdemokraten mit Otto Bauer an der Spitze zur eifrigsten Verfechterin des Anschlussgedankens. In der Wiener Arbeiterschaft war das anfangs keine Herzensangelegenheit, aber „Deutschland, das bedeutet Revolution, das ist die große Zukunft des Sozialismus", die in einem Kleinstaat kaum verwirklichbar schien – das brachte die Massen auf die Beine. Zudem spielte noch immer die Erinnerung an die Revolution von 1848 eine Rolle, als Studenten und Arbeiter unter der schwarz-rot-goldenen Fahne des erwachten deutschen Nationalismus auf die Barrikaden gingen und ihre Hoffnungen auf die Frankfurter Nationalversammlung und ein Großdeutsches Reich unter dem Reichsverweser Erzherzog Johann richteten – bis sie von den Kanonen der Reaktion niederkartätscht wurden. Und später hatte die Sozialdemokratie in den Industriegebieten der Sudetenregionen ihre stärksten Bastionen, und viele ihrer Führer, Juden wie Nichtjuden, hatten dort ihre Wurzeln: so der Partei-Einiger Victor Adler, Karl Renner, Otto Bauer, der AZ-Chefredakteur Friedrich Austerlitz, Ferdinand Hanusch, Julius Tandler, Theodor Körner. Die Österreicher fühlten sich in ihrem klein gewordenen Staat nicht recht daheim. Im Elend der Nachkriegszeit und dann wieder in der Zeit der Massenarbeitslosigkeit konnten im „Staat, den keiner wollte“ (Hellmut Andics) kaum patriotische Gefühle aufkommen, viele hielten ihn für lebensunfähig, was sich durch die wiederholten „Sanierungen“ unter Kontrolle des Völkerbunds zu bestätigen schien. Der letzte Versuch, Österreichs Situation 1930 durch eine Zollunion mit Deutschland zu verbessern, wurde von Frankreich verhindert. Man könnte die Haltung der Weltkriegsieger in die „Torheit der Regierenden“ (B. Tuchman) einreihen: dass die Politiker des Westens dem freien Willen demokratischer Republiken untersagten, was sie vom Diktator Hitler widerspruchslos hinnahmen.

Es ist aber nicht akzeptabel, dass manche konservative Stimmen heute eine „Mitschuld“ der Sozialdemokratie an der Akzeptanz des Anschlusses 1938 durch die Mehrheit der Österreicher konstruieren wollen. Dass Österreich 1918 ein deutsches Land war, galt auch für die Konservativen als selbstverständlich. Das war keine sozialdemokratische Besonderheit, sondern entsprach dem aus der Geschichte abgeleiteten Verständnis Österreichs und war im Prinzip allen politischen Lagern gemeinsam. Nicht zuletzt lag dies an dem damals auch hierzulande gängigen Nationsbegriff, der sich an der Sprache und nicht am Staat orientierte, und freilich auch an der großen

Auch die Heimwehr-Jugend musste 1936 in die Einheitsorganisation des „Österreichischen Jungvolks".

historischen Rolle, die Österreich und seine Herrscher durch Jahrhunderte im deutschen Konnex gespielt hatten. In akademischen katholischen Kreisen war die „Reichsidee", die sich am einstigen „Heiligen Römischen Reich deutscher Nation" orientierte – auch Schuschnigg hing ihr an – eine gängige, wenn auch utopische Vorstellung, und Historiker wie Srbik und Hantsch erzogen Generationen von Geschichtslehrern in dieser Richtung. Sogar Seipel, der eher eine Donauföderation als einen staatlichen Anschluss bevorzugt hätte, meinte: „Man versteht uns Deutsche nicht, wenn man unter dem Worte ‚Nation', von uns gebraucht, dasselbe verstehen will, wie es die westlichen Völker gebrauchen." Bundeskanzler Dollfuß sagte in seiner Regierungserklärung am 27. Mai 1932: „Dabei wird und muss uns alle Welt verstehen, dass wir uns als selbstständiger deutscher Staat … der engsten Verbundenheit und Freundschaft mit dem Deutschen Reich bewusst sind …" In Aufrufen der Vaterländischen Front, klar gegen den Nationalsozialismus gerichtet, wurde immer wieder „die Gemeinschaft aller Deutschen" beschworen. Und im Juliabkommen 1936 mit Hitler bestätigte Schuschnigg das Bekenntnis Österreichs als deutscher Staat.

Mit der Machtergreifung Hitlers wurde jedoch Deutschland von der Sozialdemokratie ebenso wie von dem autoritären Regime als Bedrohung empfunden. Die Sozialdemokraten strichen die Forderung nach dem „Anschluss" aus ihrem Programm, freilich ohne auf das Prinzip einer Vereinigung mit einem demokratischen Deutschland zu verzichten. Und Dollfuß, der die durch mehr als ein Jahrzehnt dauernde Führungsrolle seiner Partei bedroht sah, versuchte mit einem österreichischen Patriotismus Widerstandsgeist wachzurufen, auch dadurch, dass er Österreich als das „bessere Deutschland" darstellte. Der Versuch, dafür eine große Gemeinsamkeit zu schaffen, war von vornherein zum Scheitern verurteilt, weil die Arbeiterbewegung zerschlagen, weit mehr als die Hälfte der Bevölkerung ins politische Abseits gestoßen worden war. Der austrofaschistische Patriotismus hatte aber nicht nur das Handicap, dass er autoritär verordnet wurde. Seine Österreichverherrlichung war rückwärtsgewandt, die Habsburger-Verklärung erlaubte (vom Ausland kritisch betrachtete) Gedankenspiele mit einer Restauration, die politisierende Kirche als Stütze des Regimes übte mit Gewissenszwang eine ihr nicht zustehende Macht aus.

Im Lied über den von den Nazis ermordeten Dollfuß hieß es „... er gab für Österreich sein Blut, ein wahrer deutscher Mann". Das Lied wurde, – wie in Deutschland das Horst-Wessel-Lied – nach der von Ottokar Kernstock 1929 auf konservatives Drängen gedichteten neuen Bundeshymne „Sei gesegnet ohne Ende" (die „deutsche Arbeit, ernst und ehrlich, deutsche Liebe, zart und weich" lobte) gesungen. Und Dollfuß-Nachfolger Schuschnigg verabschiedete sich, als 1938 Hitlers Truppen anrollten, von den Österreichern im Radio mit der Weigerung, „deutsches Blut" zu vergießen, und „mit einem deutschen Wort".

Versuche zweier politischer Denker, zu überzeugen, dass dem österreichischen Staat nur eine österreichische Nation dauernden Bestand verleihen könne, wurden weithin ignoriert. Der Katholik Ernst Karl Winter wollte Österreich als eigenständige „soziale Monarchie" erneuert sehen. In der Illegalität leitete der Kommunist Alfred Klahr im Zeichen der „Volksfront"-Politik – 1930 hatten KP-Plakate noch „Anschluss an Sowjet-Deutschland" gefordert – aus Thesen Stalins die Existenz eines von dem deutschen unterscheidbaren österreichischen Nationsbegriffs ab. Hingegen hielten Otto Bauer und andere linke Sozialdemokraten selbst im Exil an der Hoffnung auf eine „gesamtdeutsche Revolution" fest.

Es bedurfte erst der Erfahrungen mit dem bösesten Deutschland, das es je gab, dass sich die Österreicher allmählich als eigene Nation zu begreifen begannen. Als die Männer, die im Krieg die Verschwörung des 20. Juli 1944 gegen Hitler vorbereiteten, von Adolf Schärf als Verbindungsmann zum sozialdemokratischen Widerstand die Teilnahme an einer gemeinsamen deutschen Revolution erwarteten, brach es aus ihm heraus: „Der Anschluss ist tot. Die Liebe zum Deutschen Reich ist den Österreichern ausgetrieben worden."

„Modus vivendi" mit den Wölfen

Am 11. Juli 1936 wurden die Österreicher und die Welt von der Regierung Schuschnigg mit einer politischen Sensation überrascht: Wien gab den Abschluss eines Abkommens mit dem Deutschen Reich bekannt. Seit der Ermordung Dollfuß' durch die Juli-Putschisten hatte zwischen den beiden Staaten ein kalter Kriegszustand geherrscht; nun sollte er beendet werden. Das unerwartete Abkommen zwischen Hitler und Schuschnigg war außenpolitisch auf die sich abzeichnende Achse Rom–Berlin zurückzuführen; die 1934 von Dollfuß abgeschlossenen Römischen Protokolle, die den Status Österreichs und Ungarns als Satelliten Mussolinis fixiert hatten, führten dazu, dass diese auch die Wendungen Italiens mitmachen mussten, wollten sie nicht die Gunst des Duce, für die sich bei den Westmächten kein Ersatz abzeichnete, verlieren.

In Österreich selbst hatte Hitlers sofort nach dem Debakel des Juliputschs veränderte Taktik, den katholisch-konservativen Franz von Papen an die Stelle des kompromittierten Gesandten Rieth nach Österreich zu schicken und Österreich auf die sanfte Tour sturmreif zu machen, schließlich Erfolg. Papens Ansprechpartner waren nicht die illegalen SA-Rabauken und antisemitischen Radaubrüder, sondern als „gemäßigt" geltende Naziführer wie der Gutsbesitzer Anton Reinthaller (1956–1958 Obmann der FPÖ) und „nationalbetonte" Honoratioren wie der Rechtsanwalt Arthur Seyß-Inquart und der Leiter des Kriegsarchivs Edmund Glaise-Horstenau, die als

Katholiken gute Beziehungen zu einzelnen Persönlichkeiten des Regimes unterhielten.

Der in den Jahren 1933/34 brutale Terror der Nationalsozialisten, der in den Juli-Kämpfen seine Kulmination erreichte, war in der Zeit danach merklich abgeflaut. Zum Teil lag dies sicherlich an der unerbittlichen Reaktion der Bundesregierung mit der Hinrichtung von Rädelsführern, Verurteilungen zu hohen Kerkerstrafen, Einlieferung in das Anhaltelager Wöllersdorf oder an der Flucht zahlreicher Putschteilnehmer nach Deutschland sowie an der scharfen Beobachtung der „Illegalen" von rechts und links durch die Polizei. Zwar kam es auch dann noch neben Papierböllern, „Heil-Hitler"-Schmierereien und Sprengungen von Telefonhäuschen zu blutiger Gewalt, doch von den zwölf Todesopfern nazistischer Gewalttaten von 1935 bis 1937 waren sieben die von Fememorden in den eigenen Reihen. Daneben dürften die mäßigenden Gespräche Papens mit seinen Kontaktleuten ihre Wirkung getan haben.

Mitte Juli 1935 hatte der deutsche Gesandte erste Vorschläge für ein Abkommen gemacht, aber erst ein halbes Jahr später, als Mussolinis Annäherung an Hitler infolge des Abessinienkriegs reale Züge annahm, ließ sich Schuschnigg, der aus seiner Überzeugung von Österreichs „deutscher Mission" nie ein Hehl gemacht hatte, auf Geheimverhandlungen ein. Er legte einen Entwurf für einen „modus vivendi" zwischen Österreich und dem Reich vor. In dem Abkommen, das daraus hervorging, anerkannte Hitler „die volle Souveränität des Bundesstaates Österreich und die innenpolitische Gestaltung einschließlich der Frage des Nationalsozialismus". Staatsangehörige beider Länder sollten „sich nicht in die innenpolitischen Angelegenheiten des anderen Staates einmischen, noch insbesondere Staatsangehörige des anderen Staates durch Propaganda zu beeinflussen trachten". Weiter hieß es: „Die österreichische Bundesregierung wird ihre Politik ... stets auf jener grundsätzlichen Linie halten, die der Tatsache, dass sich Österreich als deutscher Staat bekennt, entspricht."

Allerdings wurde gleichzeitig den Reichsdeutschen in Österreich gestattet, sich politisch (also in einer Auslandsorganisation der NSDAP) zu organisieren und ihre Flaggen zu hissen (seit 1936 war die Nazi-Parteifahne mit dem Hakenkreuz, deren Zeigen in Österreich verboten war, die Reichsfahne statt des bis dahin üblichen Schwarz-Weiß-Rot). Durch ein Abkommen über Kulturaustausch konnten fortan ungehindert deutsche Druckerzeugnisse nach Österreich importiert werden. Als Gegenleistung wurde die Tausend-Mark-Sperre aufgehoben, allerdings machten die strengen deutschen Devisenbestimmungen das Urlauben in Österreich noch immer kostspielig. Im Gefolge des Abkommens kam es zu einer Amnestie, durch die zahlreiche inhaftierte Nationalsozialisten freikamen.

Das war aber noch nicht alles. Im Zuge des Juliabkommens von 1936 war auch ein geheimer Zusatz als „Gentleman's agreement" abgeschlossen worden, dessen Details noch Gegenstand von Verhandlungen blieben. Wichtigster Unterhändler auf Seite der Regierung war Guido Schmidt, ein Schulkollege Schuschniggs an der „Stella matutina", dem Jesuitengymnasium in Feldkirch. Der Kanzler ernannte ihn zum Staatssekretär für Äußeres. 1947 musste sich Schmidt in Wien vor einem Volksgericht verantworten. Im Prozess betonte er, „dass dieses Abkommen nicht mein geistiges Eigentum ist. Es ist das Gedankengut des damaligen Bundeskanzlers Schuschnigg selbst ... Ich habe gewiss meine überzeugte Zustimmung dazu gegeben; insofern identifiziere ich mich mit dem Versuch, zu einem Modus vivendi zwischen Deutschland und Österreich zu kommen." Guido Schmidt wurde freigesprochen.

Am 17. Juni 1937 erschien in der amtlichen „Wiener Zeitung" ein Artikel „von besonderer Seite". In ihm wurde die gleichzeitig mitgeteilte Ankündigung des „Bundeskanzlers und Frontführers" (so der offizielle Titel Schuschniggs) von der Errichtung eines „Volkspolitischen Referats" der Vaterländischen Front unter anderem so erläutert:

„Es brauchte seine Zeit, ehe sich diese Gedanken, die nicht am Grünen Tisch ersonnen, sondern von den wirtschaftlichen und politischen Erfordernissen unserer Zeit diktiert sind, auch außerhalb der Vaterländischen Front durchsetzten. Wir sprechen nicht von jenen radikalen Gruppen, die eine Einordnung in den neuen Staat offen ablehnen oder die Legalität nur als Deckung für illegale Machenschaften benützen wollen. Eine Verständigung mit solchen Gruppen wurde nie angestrebt, und gewisse Versuche, eine Politik mit doppeltem Boden zu betreiben, wurden rechtzeitig durchschaut. Auf sie bezog sich das Wort des Kanzlers: ‚Wir lassen uns nicht hereinlegen'.

Neben dem eindeutigen und dem doppelzüngigen Radikalismus gibt es aber auch sehr wertvolle Kräfte, die lange Zeit an dem Gedanken festhielten, dass die Befriedung nur durch den Aufbau einer eigenen politischen Organisation neben der Vaterländischen Front oder als politische Sektion innerhalb der Front herbeizuführen sei. Derartige Pläne mochten in manchen Fällen der besten Absicht entspringen – sie übersahen die Tatsache, dass mit der Schaffung parteiähnlicher Gebilde innerhalb oder außerhalb der Front unentrinnbar die Rückbildung zum Parteienstaat beginnen würde.

Das Volkspolitische Referat, das nunmehr ins Leben tritt und unter der Leitung eines Mannes steht, der das volle Vertrauen des Frontführers genießt, hat mit solchen verfehlten Organisationsversuchen nichts zu tun … In der gleichen Richtung liegen die Aufgaben, die der Frontführer dem nun in den Staatsrat berufenen Rechtsanwalt Dr. Seyß-Inquart aufgetragen hat.

Die heute vollzogenen Maßnahmen geben neuerlich einen Beweis der Entschlossenheit, allen Staatsbürgern, die guten Willens sind, den Weg zur Vaterländischen Front und zur Mitarbeit an der Neuorganisation des Staates offen zu halten. Es gilt nicht die Frage, woher einer kommt, sondern die Frage, wo er steht und wohin er gehen will …"

Was hier, reichlich verklausuliert, als Einigung mit den

Dollfuß-Kult und einsame Beschlüsse: Schuschnigg im Radio.

„positiven Kräften“ des „nationalen“ Lagers angekündigt wurde, war eine Konsequenz des „deutschen Weges“, zu dem sich der Ständestaat, wenn auch nun mit der Mutation von kampfbereiter Distanzierung zu zögerlicher Zusammenarbeit, stets bekannte (und dem nur die Monarchisten ablehnend gegenüberstanden). Unter den „Nationalbetonten“, die freilich zum größten Teil ohnedies schon Nazis waren, kam dem Wiener Rechtsanwalt Dr. Arthur Seyß-Inquart eine besondere Rolle zu. Zunächst in den Staatsrat aufgenommen, wurde er unter dem zunehmenden Druck Hitlers im Februar 1938 Innenminister. Seine Verbindungen zum christlichsozialen Lager waren alt. Zusammen mit Dollfuß war er in den zwanziger Jahren in der „Deutschen Gemeinschaft“, als deren Verdienst er rühmte, dass „die Marxisten nie wieder in die Regierung kamen“. Seyß-Inquarts stets angestrebtes Ziel war der Anschluss, zu den Nazis stieß er relativ spät. Dann aber wurde er als Vertrauensmann Hitlers Proponent der so genannten „Befriedung“. (Seyß-Inquart wurde in Nürnberg wegen der Judenverfolgung in den Niederlanden, wohin ihn Hitler als „Reichskommissar“ geschickt hatte, zum Tode verurteilt).

Es gab allerdings Gemeinsamkeiten, die den Austrofaschisten eine Zusammenarbeit mit den Nazis als möglich erscheinen ließ. Dass es eine solche nicht gab, merkten viele erst im KZ. Schuschnigg selbst sagte zum Abschluss dieses fragwürdigen Abkommens, das zum raschen Untergang des Ständestaats beitrug: „Dass Hitler es mit seinen Verträgen nicht genau nahm, wusste ich natürlich, immerhin war die Meinung nicht unbegründet, dass ein bis zwei Jahre genügen würden, weil dann die Welt wieder anders aussehen konnte. Um diese Atempause – verbunden mit wirtschaftlicher Erleichterung für unser Land – ging der Kampf.“ Dass eine echte Versöhnung mit der Arbeiterschaft die Situation hätte verändern können, kam ihm auch in seiner damaligen außenpolitisch bedingten Zwangslage offenbar nicht in den Sinn.

Starhembergs Aufstieg und Fall

Der „Fürst" saß in der Cobenzl-Bar, als ihn am 14. Mai 1936 die Mitteilung erreichte, dass Bundeskanzler Schuschnigg seine Regierung umgebildet habe: Er, Ernst Rüdiger Starhemberg, vor zwei Jahren noch mächtigster Mann in der austrofaschistischen Diktatur, wird ihr nicht mehr angehören.

„Die Verhältnisse in Österreich brachten es mit sich, dass niemand wusste, wem er vertrauen könne, und dass es Grund genug für die erstaunlichsten Verdächtigungen gab", bekannte Starhemberg später, fern von Österreich im Exil. An diesem 14. Mai 1936 aber war der Schlusspunkt in einem Machtkampf eingetreten, der nach der Ermordung von Engelbert Dollfuß in der Führung des Ständestaates geschwelt hatte. Rückschauend kann man nur staunen, dass sich die Machtträger des Regimes ein zwei Jahre langes Intrigenspiel leisteten, als ob sie keine anderen Sorgen gehabt hätten. Wenn schon der Gedanke einer Versöhnung mit der gedemütigten Arbeiterschaft nicht zum Durchbruch kam, so wäre doch innerer Zusammenhalt ein erstrangiges Gebot gewesen. War schon die Sozialdemokratie im illegalen Untergrund keineswegs untätig, so mussten die neuen Herren doch ständig der Gefahr gewärtig sein, die seitens der von Hitler kräftig unterstützten illegalen Nazis drohte. Das alles schien eine verblendet in den Abgrund marschierende Führung nicht zu hindern, weiter ihre auf krankhaftem Ehrgeiz, persönlichem Machtstreben und Rangelei um lukrative Positionen beruhenden internen Konflikte fortzuführen.

Dass Starhemberg dabei einer von denen war, die letztlich auf der Strecke blieben, lag zum Teil sicherlich in seiner Persönlichkeitsstruktur begründet. Der Spross jenes Adelsgeschlechtes, das Österreich in früheren Jahrhunderten nicht nur den Verteidiger Wiens gegen die Türken (1683), sondern auch die ärgsten Bauernschinder geschenkt hatte, dürfte eine unglückliche Liebe zur Politik entwickelt haben, für die ihm freilich die Begabung mangelte. War er doch viel eher einer der Haudegen jener „Frontgeneration", die glaubte, auf den Trümmern des Zusammenbruchs von 1918 (an dem natürlich die „Verräter" im Hinterland schuld waren) gewaltsam eine „neue" alte Ordnung errichten zu können.

Dazu kam, dass Starhemberg – wie ein Historiker treffend bemerkte – Politik „wie ein Quartalsäufer" betrieb, sozusagen in periodischen Anfällen, zwischen denen er anderen Interessen nachging. Zu diesen gehörte weniger die Verwaltung seines vor allem in Oberösterreich gelegenen großen Erbes – vier Jahre nach dessen Übernahme war Starhemberg bereits bankrott, weil er seine Bürgerkriegsarmee, die Heimwehr, finanziert hatte; er musste deshalb zu Mussolini und zu Gönnern wie dem Fabrikanten Fritz Mandl – Konzernherr der Hirtenberger und Lichtenwörther Patronenfabriken und des Grünbacher Kohlebergwerks – betteln gehen. (Ein Abschweifen in die „chronique scandaleuse" jener Jahre sei gestattet: Mandl heiratete die Filmschauspielerin Hedy Kiesler, später Lamarr, mit der in „Ekstase" die erste Nacktszene des Tonfilms gedreht worden war. Der eifersüchtige Gatte versuchte, durch Aufkauf der Filmrollen den vorehelichen Sündenfall für andere Betrachter unzugänglich zu machen, scheiterte aber an der Tücke der Technik, durch die ständig neue Kopien auftauchten).

Starhemberg war diesbezüglich weniger auf seinen guten Ruf bedacht. Er war in Wiens Bars und Nachtlokalen gern gesehener Gast, so im berüchtigten „Hadele" („Haus der Leidenschaften") in der Wiener Josefstadt, und seine Saufgelage und Amouren waren oft Stadtgespräch; beim Opernball 1936 schlug ein Skandal sogar internationale Wellen, als der Noch-Vizekanzler die Frau des rumänischen Gesandten belästigt hatte. Im erzkatholischen Ständestaat war dem Heimwehrchef auch möglich, was Tausenden anderen verwehrt blieb: Er erreichte die Scheidung von seiner ersten Frau, Marlies von Salm, und heiratete die Burgschauspielerin Nora Gregor. Auch diese Seite des „Fürsten" dürfte die Antipathien des sittenstrengen und trockenen Kanzlers Schuschnigg gefördert haben.

Die frühe politische Laufbahn Starhembergs war gekennzeichnet gewesen vom Schwanken zwischen Hitler und dem Hass auf die Republik. „Romanisch-slawische Bastarde, verwanzte Ostgalizianer und Kaffeehausliteraten haben den Zusammenbruch herbeigeführt. Mit Verrat und Lüge hat die österreichische Republik begonnen." Das waren nicht nur Tiraden, wie sie in Starhembergs Reden oft wiederkehrten, es war zweifellos auch sein eigenes Weltbild.

Im Jahr 1899 geboren, hatte Ernst Rüdiger – seine ehrgeizige Mutter, eine geborene Gräfin Larisch, später Vertraute Seipels, hatte den Vornamen des großen Vorfahren ausgewählt – im Weltkrieg noch erste Fronterfahrungen gemacht und war dann in Tirol in die von bayrischen Reaktionären aufgepäppelte Heimatschutzbewegung eingetreten. Anders als in Kärnten war diese dort nie eine Bewegung zum Schutz der Grenzen, gegen die Abtretung Südtirols rührte sie keinen Finger – ihre Zielrichtung waren von Anfang an die „Roten". Als der Freikorpsführer Pabst nach dem Mord an Karl Liebknecht und Rosa Luxemburg nach Innsbruck flüchtete, wurde er Stabsführer der Heimwehr. Von ihm erhielt Starhemberg seinen ersten Auftrag: In gestohlenen Uniformen der Volkswehr (des demokratisch-republikanischen Heeres) brachte er Haubitzen und Munition der alten k. u. k. Armee in den Besitz der Heimwehr.

Danach tauchte Starhemberg in München unter, ging dann als Freikorpskämpfer nach Oberschlesien und ließ sich schließlich von der Reichswehr anwerben. In München lernte er bald auch einen anderen dort in Politik dilettierenden Österreicher kennen: Adolf Hitler, und wurde sein Anhänger. „Mein Denken und meine weltanschaulichen und politischen Ansichten wurden von ihm entscheidend beeinflusst. Nie vorher und auch niemals später hat irgend jemand nachhaltigeren Eindruck auf mich gemacht", bekannte Starhemberg noch freimütig in einer Zeit, als ihn der „Führer" nicht mehr in seine Heimat zurückließ. Damals, 1923, aber nahm er an Hitlers Bierkellerputsch teil, der bekanntlich in ein blutiges Debakel mündete.

Nach Österreich zurückgekehrt, wurde Starhemberg bald zu einem der Organisatoren der Heimwehrbewegung, die er aus einem christlichsozialen Veteranenverein in eine Bürgerkriegsarmee umgestalten wollte, mit dem Ziel, „den roten Fetzen von allen öffentlichen Gebäuden zu reißen". Dass das nur über den Weg der Zertrümmerung der Demokratie gehen konnte, war Starhemberg klar. Aber von der „Quatschbude" hatte er ohnedies nie etwas gehalten. Auch wurde die Zuneigung des ersten Mannes im konservativen Lager, des Prälaten Seipel, immer offenkundiger. Mit seinem Segen reiste Fanny Starhemberg in den späten zwanziger Jahren zu Mussolini, der ja bereits gezeigt hatte, wie man mit dem Parlament und den Roten verfahren müsse. Die Fäden waren geknüpft, und im Juli 1930 empfing der italienische Diktator Madame Starhembergs Ältesten zu einem Vieraugengespräch. Der hatte von da an ein neues Vorbild, dem nachzueifern ihm die Millionen, die Musssolini für die Aufpäppelung der Heimwehr locker machte, wesentlich erleichterten.

„Sie müssen die österreichische Jugend in Ihrer Bewegung zusammenfassen nach einfachen Grundsätzen und einfachen Kampfparolen – ‚Gott, Volk und Vaterland' –, das heißt Schutz der religiösen Einrichtungen, vor allem der christlichen Weltanschauung, gegen die zersetzenden Mächte, das ist in erster Linie der Kommunismus", riet der Duce väterlich. Und der eben noch vom preußischen Drill begeisterte Starhemberg entdeckte plötzlich (laut seinen Memoiren), dass Europa dort ist,

Seiner Funktionen als Vizekanzler und VF-Führer noch nicht enthoben: Starhemberg in Heimwehr-Uniform.

„bis wohin einst die römischen Legionen lateinische Kultur verbreitet hatten“ – jenseits hausten die Barbaren. So belebend kann Geld auf die Weltsicht wirken.

Im Bakonywald – Starhemberg war wichtiger Mittelsmann der Verbindung Mussolinis zum revisionistischen Horthy-Regime in Ungarn – erreichte den Heimwehrführer die erste Berufung zu Höherem: der christlichsoziale Bundeskanzler Carl Vaugoin nahm ihn 1930 als Innenminister in seine Regierung. Der Führer einer Bürgerkriegsarmee wurde zum Herrn über Polizei und Gendarmerie. Starhemberg schien das ein zu langsamer Weg: „Ich gestehe offen, dass ich mit der Absicht in die Regierung eintrat, einen Staatsstreich durchzuführen.“ Wahlen interessierten ihn herzlich wenig – die Heimwehr hatte denn auch, als sie 1930 erstmals als wahlwerbende Gruppe auftrat, mit 6,2 Prozent der Stimmen einen eher bescheidenen Erfolg. Vor dieser Parlamentswahl hatte Hitler versucht, Starhemberg durch seinen Emissär Gregor Strasser für ein Wahlbündnis mit den bis dahin erfolglosen österreichischen Nazis zu gewinnen. Dazu kam es dann aber nicht, keineswegs wegen weltanschaulicher Differenzen, sondern weil – wie Schuschnigg in seinen Memoiren bezeugt – die Nazis zu viel für sich verlangten, und weil der Heimwehrführer vorsorglich bei Mussolini anfragte, der abriet. Mit acht Mandaten blieb der „Heimatblock“ weit unter Starhembergs Erwartungen, und er schied aus der Regierung aus.

Die Rolle Starhembergs im Putschversuch Pfrimers und in den Februartagen 1934 wurde bereits beleuchtet. Unmittelbar danach brach die Rivalität zwischen dem Bundesführer der Heimwehr Starhemberg und dem Führer des Wiener Heimatschutzes Emil Fey voll aus. Dabei fand der „Fürst“ in Bundeskanzler Dollfuß einen starken Bundesgenossen, hatte sich doch auch dessen Verhältnis zu Fey durch dessen Anspruch, sich als „Sieger über den Marxismus“ feiern zu lassen, erheblich getrübt. Der Kanzler stellte Starhemberg sogar das Amt des Bundespräsidenten in Aussicht, weil die Abdankung des nicht mit ganzem Herzen für den Weg der Diktatur eingenommenen Miklas betrieben werden sollte.

Der Konflikt Starhemberg–Fey war Dollfuß wohl auch deshalb willkommen, weil andernfalls der Übergang der ganzen Macht an die Heimwehr kaum zu vermeiden gewesen wäre. Bei einem „Gipfel“ in Dollfuß’ Wohnung beklagte Fey, dass „unsere Männer, als sie von der Frontlinie zurückkehrten, fanden, dass die Herren von der Vaterländischen Front die Trophäen des Sieges untereinander aufgeteilt hatten.“ Doch Starhemberg stellte sich auf die Seite des Kanzlers – und nach einem Besuch in Rom trat er am 1. Mai 1934 statt Fey in die Regierung ein. Dollfuß war damit ein doppelter Schachzug gelungen: die Züchtigung Feys und die Beschränkung der politischen Unabhängigkeit Starhembergs (so der Historiker Gulick).

Als Dollfuß am 25. Juli 1934 von den Naziputschisten ermordet wurde, badete Starhemberg am Lido von Venedig. Mussolini stellte ihm ein Sonderflugzeug zur Rückkehr nach Wien zur Verfügung. Aber dort schienen die Würfel schon gefallen: Schuschnigg sollte Kanzler werden – ein Sieg des katholischen Flügels über die Heimwehr. Der „Fürst“ verhielt sich überraschend passiv; Gerüchte wollten wissen, dass er mit der Bekanntgabe seiner außerehelichen Affäre mit der späteren zweiten Gattin erpresst worden sei. Allerdings hatte Schuschnigg einen Trostpreis für Starhemberg parat: Dieser wurde nun auch oberster Führer der Vaterländischen Front. Noch gelang es ihm, eine Zerreißprobe für die Heimwehr zu verhindern, als von dem beim Juliputsch ins Zwielicht geratenen Emil Fey eine Untersuchung abgewendet wurde, doch im Oktober 1935 wurde Fey endgültig ausgebootet.

Als Schuschnigg die Rheinlandbesetzung durch Hitler zum Anlass der Einführung der Allgemeinen Wehrpflicht am 1. April 1936 nahm, drängte ihn Starhemberg vergeblich, ihn zum Heeresminister zu machen. Schuschnigg entmilitarisierte seinen eigenen katholischen Wehrverband, die Ostmärkischen

Sturmscharen. Starhemberg verstand, worum es ging: Die Heimwehr sollte diesem Beispiel folgen. Noch einmal spielte er den starken Mann: „Nur über meine Leiche geht der Weg zur Abrüstung des Heimatschutzes“, sagte er in Versammlungen, und die Heimwehrler zogen am 10. Mai über die Ringstraße und riefen: „Schuschnigg an den Galgen! Hoch Starhemberg! Fey als Diktator!“

In dieser Konfrontation wurde für Starhemberg – und nicht nur für diesen, sondern auch für Österreich – zum Schicksal, dass sich Gönner und Protektor Mussolini in das Abenteuer des Abessinien-Krieges gestürzt hatte. Das brachte die westlichen Demokratien gegen ihn auf, und Hitler bot sich als neuer Freund für das geächtete Italien an. Starhemberg aber gratulierte Mussolini eigenmächtig zur Eroberung von Addis Abeba, der Hauptstadt Äthiopiens, und zum „Sieg über demokratische Unehrlichkeit und Heuchelei“: „Es lebe der zielbewusste Führer des siegreichen faschistischen Italiens, es lebe der Sieg des faschistischen Gedankens in der ganzen Welt!“ Das war für Schuschnigg die Gelegenheit, Starhemberg zum Rücktritt zu zwingen und einige Wochen später den Rest der Heimwehrler in der Regierung loszuwerden. Die Heimwehr wurde aufgelöst, ihre Verbände als „Frontmiliz“ der Vaterländischen Front einverleibt.

Als Hitler in Österreich einmarschierte, befand sich Starhemberg auf Urlaub in St. Moritz. Er blieb dort und wechselte dann sein Exil mit Argentinien, wo sich sein alter Freund, der Industrielle Mandl, dessen Werke „arisiert“ worden waren, schon befand.

1949 kehrte er nach Österreich zurück; seine unter kommissarische Verwaltung gestellten Güter erhielt er zurück, übergab sie aber nach sozialistischen Protesten seinem Sohn. 1956 erlag er in Schruns einem Herzschlag, als er sich über einen Reporter der kommunistischen „Volksstimme“ erregte, der ihn fotografieren wollte.

Aufrüstung – aber gegen wen?

Es war kein Aprilscherz: Am 1. April 1936 führte die Regierung Schuschnigg die allgemeine Wehrpflicht in Österreich wieder ein. Oder genauer gesagt: Es wurde ein so genanntes Bundesdienstpflichtgesetz verlautbart, dessen Ziel nicht nur die Einziehung der Jungmänner zum Militär war, sondern das besagte, dass jeder Bundesbürger ein Jahr seines Lebens grundsätzlich dem Dienst an der Allgemeinheit zu widmen habe. Der etwas merkwürdige Wortlaut lag an den Bestimmungen des Friedensvertrags von Saint-Germain. Dieser Staatsvertrag, so benannt, weil ja die Siegermächte nicht mit der kleinen Republik, dem „Rest" der alten Monarchie, im Kriegszustand gewesen war, hatte Österreich faktisch wehrlos gemacht, ohne dass ihm ein neutraler Status zugestanden worden wäre. Die „Bestimmungen über die Land-, See- und Luftstreitkräfte" erklärten nicht allein die allgemeine Wehrpflicht für abgeschafft, sondern erlegten Österreich auch sonst weitgehende Beschränkungen in allen Militärangelegenheiten auf. Die Stärke seines Heeres durfte 30.000 Mann, darunter 1500 Offiziere und 2000 Unteroffiziere, nicht überschreiten. Die Zahl der Geschütze wurde mit 50 festgelegt, weiter wurden dem Heer 450 Maschinengewehre zugestanden. Panzer- und Kampfwagen, Flugzeuge, Flammenwerfer und schwere Artillerie waren den Österreichern überhaupt untersagt. Alliierte Kommissionen überwachten die Durchführung dieser Bestimmungen.

Auf Grund des Vertrages musste Österreichs Parlament 1920 ein Wehrgesetz beschließen, durch das die Aufstellung des Bundesheeres als Söldnerheer festgelegt wurde. Das war gegen den Willen der Parteien, insbesondere der Sozialdemokraten, die die allgemeine Wehrpflicht stets als demokratische Institution aufgefasst und ein Milizsystem geplant hatten. In der Übergangszeit zwischen dem Kriegsende und dem Friedensvertrag hatten sie in der Volkswehr ein republikanisches Heer zu schaffen versucht, das sich von den k. u. k. Traditionen abwenden sollte und in dem den Mannschaftsvertretern in Form von Soldatenräten wichtige Rechte gewährt wurden.

Die Volkswehr hatte sowohl die Bildung einer kommunistischen „Roten Garde“ verhindern als auch den Abwehrkampf der Kärntner gegen die Jugoslawen unterstützen können. Beim Anschluss des Burgenlandes trat sie den ungarischen Freischärlern entgegen, wobei ihr allerdings die bürgerlichen Parteien Schwierigkeiten machten (was zum Verlust des ursprünglich Österreich zugesprochenen, als Hauptstadt des neuen Bundeslandes ausersehenen Ödenburg/Sopron beitrug). Organisator der Volkswehr war der sozialdemokratische Unterstaatssekretär Julius Deutsch.

Der Einfluss der Sozialdemokraten auf das Militär war den Bürgerlichen ein Dorn im Auge – obwohl nicht zuletzt dieser Einfluss die junge Republik vor Räte-Experimenten wie in Ungarn und Bayern bewahrt hatte. Das Wehrgesetz von 1920 mit seinen Bestimmungen für das Söldnerheer wurde einer der Gründe für das Scheitern der Koalition – die Sozialdemokraten schieden aus der Regierung. Damit begann jene verhängnisvolle Entwicklung, die Österreichs Arbeiterklasse von der Mitverantwortung im Staat ausschloss.

Um die Mitte der zwanziger Jahre wurde dem bis dahin eher ruhigen und fachlichen Aufbau des Bundesheeres in zunehmendem Maß durch die in der Regierung tonangebende Christlichsoziale Partei eine neue Richtung gegeben: Man betrieb „Umpolitisierung“ unter dem Vorwand der „Entpoliti-

Stärke nur „nach innen“ bewiesen: Parade des Bundesheers.

sierung". „Im Gegensatz zur ursprünglichen Aufgabe des Bundesheeres als Schirm des Staates nach außen wurde die Ordnungsaufgabe nach innen betont", schreibt der Historiker Ludwig Jedlicka. Mit anderen Worten: Die Pläne der Männer um Ignaz Seipel bauten sich immer mehr auf Verwendung des Heeres gegen den „inneren Feind".

Die von Seipel initiierte Verfassung von 1929 beendete die Verfügungsgewalt des Nationalrates über das Bundesheer; nunmehr war der Bundespräsident (die Verfassung ließ sich Seipel bekanntlich auf den Leib schreiben, er zielte auf eine Präsidial- statt der parlamentarischen Republik) der Oberbefehlshaber. Der christlichsoziale Heeresminister Carl Vaugoin begann mit personellen Neubesetzungen, durch die Vertreter des der Regierungspartei nahe stehenden „Wehrbunds" in die wichtigsten Kommandostellen rückten. Die Traditionspflege der k. u. k. Armee wurde erneuert. Die „Umpolitisierung" des Heeres hatte freilich auch zur Folge, dass sich im Geheimen auch schon die ersten Zellen des NS-„Soldatenrings" im Bundesheer bildeten.

Nach Hitlers Machtergreifung 1933 gab es Verhandlungen zwischen Vaugoin und Deutsch über eine mögliche Einbeziehung des sozialdemokratischen Schutzbundes in den Grenzschutz gegen Deutschland. Sie waren schon deshalb kaum glaubwürdig, weil Vaugoin bereits seit 1922 einen erbitterten Kampf gegen die „Roten" im Heerwesen geführt hatte. Die Regierung Dollfuß hatte mit dem Schutzbund ganz anderes im Sinn – er wurde aufgelöst. Vaugoin, der noch immer auf die Christlichsoziale Partei als Trägerin eines autoritären Kurses setzte und die Vaterländische Front ablehnte, wurde von Dollfuß entfernt. Mit dem früheren k. u. k. General Alois Schönburg-Hartenstein als neuem Heeresminister vollzog er „Entpolitisierung" auf seine Art: Das „entpolitisierte" Bundesheer wurde im Februar 1934 als Bürgerkriegsarmee missbraucht. Die auf die Arbeiterwohnhäuser gerichteten Kanonen erzeugten einen Abgrund von Misstrauen, das noch bis weit in die

Zweite Republik hinein fortdauerte und bei den Sozialisten eine unausrottbare Antipathie gegen eine Berufsarmee wach hielt. Und noch ein zweites Mal trat das Bundesheer 1934 im Inneren in Aktion – im Juli, als es in Kärnten und der Steiermark den Naziaufstand niederwarf.

Hand in Hand mit der „Umpolitisierung" war eine teils geheime und von Italien geförderte, teils von den Westmächten geduldete Aufrüstung des Bundesheeres vor sich gegangen. Mit der Ernennung des früheren Militärattachés in Berlin Alfred Jansa zum Generalstabschef (aus Tarnungsgründen zunächst geheim gehalten) wurde bekundet, aus welcher Richtung vor allem man eine Gefährdung Österreichs befürchtete. Freilich war diese Linie, wie die gesamte Politik der Regierung Schuschnigg, uneinheitlich. Obwohl die Bedrohung durch Hitler offenkundig war, leistete sich der Ständestaat ständiges Liebäugeln mit einer Rückkehr der Habsburger – Schuschnigg hob im Juli 1935 die Landesverweisung der Mitglieder des früheren Kaiserhauses auf. Das ließ die Staaten der „Kleinen Entente" (Tschechoslowakei, Rumänien, Jugoslawien) sogar Pläne für einen allfälligen Einmarsch wälzen. Auch die Abhängigkeit von Mussolinis politischen Schwankungen war gegeben. Wien suchte dessen Schutz durch Gewährung eines Durchmarschrechts im Falle eines Konflikts mit Jugoslawien und mit Ablehnung der Völkerbundsanktionen gegen Italien während des Kriegs in Afrika weiterhin zu sichern (was wiederum die Westmächte verstimmte). Von Italien kamen auch die ersten Flugzeuge für das Geschwader Alexander Löhr (er wurde nach dem Krieg – als Verantwortlicher für den verheerenden Luftangriff auf Belgrad 1941 – in Jugoslawien hingerichtet); die Militärflieger wurden in Italien ausgebildet. In die frühen Abwehrpläne gegen Deutschland war der Einsatz italienischer Divisionen auf österreichischem Boden eingeplant.

Am 16. März 1935 hatte Hitler die allgemeine Wehrpflicht in Deutschland eingeführt, und niemand trat diesem Bruch des Versailler Vertrags entgegen, auch bei der Besetzung des

Rheinlandes ein Jahr danach blieb der Westen ruhig. Das einzige, was Österreich beruhigen sollte, war die Garantieerklärung für Österreichs Unabhängigkeit, von Italien, England und Frankreich am 14. April 1935 in Stresa am Lago Maggiore unterzeichnet. Die „Stresafront" war aber schon wenige Monate später brüchig, als Mussolini über das Kaiserreich Äthiopien herfiel.

Diese Entwicklung war für Schuschnigg der eigentliche Grund, die Wehrpflicht wieder einzuführen. Einberufen konnten alle Männer zwischen 18 und 42 Jahren werden. Starhemberg, der den Einfluss seiner Heimwehr schwinden sah, war dagegen. Er begründete das so: „Die einzuberufende Jugend ist samt und sonders sozialistisch und nationalsozialistisch gesinnt. Es geht doch nicht an, den Staatsfeinden Waffen in die Hand zu geben." Die Jugend als Staatsfeind – ein bemerkenswertes Eingeständnis eines (Noch-)Regierungsmitglieds, das, wenn es auch ein Argument für die Heimwehr sein sollte, einen beträchtlichen Wahrheitsgehalt gehabt haben dürfte. Es half nichts: Die Heimwehr wurde aufgelöst und als „Frontmiliz" der VF eingegliedert.

Die Wende in der italienischen Politik nach dem Abessinienkrieg und die daraus folgende Annäherung Schuschniggs an Deutschland brachte auch für das Bundesheer Kontakte mit Hitlers Generalstäben, Offiziersaustausch und sogar Rüstungshilfe aus dem „Reich". Trotzdem lehnte es Hitler ab, die „Österreichische Legion", eine in Bayern stehende Bürgerkriegstruppe geflüchteter österreichischer Nationalsozialisten, aufzulösen. Gleichzeitig informierte sich der deutsche Abwehrdienst eingehend über Österreichs Verteidigungsbereitschaft und suchten die Nazis ihre Parteigänger im Offizierskorps für den Ernstfall bereit zu halten.

Als dieser kam, lag es nicht am Bundesheer, dass kein Widerstand – auch wenn er nur symbolisch gewesen wäre – geleistet wurde. Generalstabschef Jansa wäre dazu zweifellos bereit gewesen, hatte er doch bekannt, es gelte „einen Trennungsstrich zu ziehen zwischen dem Deutschland, das wir lieben, und dem alles Üble aufputschenden Nationalsozialismus". Aber Schuschnigg, der selbst noch in dieser Schicksalsstunde nicht zu aufrichtiger Versöhnung mit der abseits stehenden Arbeiterschaft fand, entschied anders. Er wollte kein „deutsches Blut" vergießen. Dass möglicherweise ein Widerstand des Bundesheeres die Welt vor Hekatomben von Blut nicht nur der Deutschen, sondern vieler Völker bewahrt hätte, gehört zur Tragik dieser volksfremden Führung, die sich mit Verfassungsbruch und Gewalt die Entscheidung über Österreichs Schicksal angemaßt hatte.

Demütigung in Berchtesgaden

Nach dem Juliabkommen von 1936 versuchte Schuschnigg weiter, den Frieden durch Nachgiebigkeit zu bewahren, obwohl die illegalen Nazis, versorgt mit Propagandamaterial aus Deutschland, den Umsturz vorbereiteten. Im Januar 1937 wurde die Bildung eines „Siebener-Komitees" vereinbart, in dem drei „Illegale", drei Vertrauensleute weit rechts stehender Minister und der großdeutsche Universitätsprofessor Oswald Menghin saßen. Sie sollten die Eingliederung der Nationalsozialisten in die Vaterländische Front vorbereiten. Das Ziel der Nazis aber war die Aushöhlung des Regimes. Schuschnigg zauderte lange einzugreifen. Erst am 25. Januar 1938 wurde bei einer Hausdurchsuchung im Büro des Komitees ein „Aktionsprogramm" des Nazi-Komiteemitglieds Leopold Tavs gefunden, das die Absetzung Schuschniggs vorsah.

Für Hitler war die Einverleibung Österreichs und der „Tschechei" bei einer Besprechung mit seinen Militärs nur noch eine Frage der Zeit. Die Aufdeckung des Tavs-Plans schien ein Rückschlag für dieses Vorhaben, und Hitler berief Franz von Papen von seinem Botschafter-Posten ab. Als dieser ihm jedoch berichtete, dass Schuschnigg einem persönlichen Treffen nicht abgeneigt sei, schickte ihn Hitler in Sondermission mit einer offiziellen Einladung nach Wien zurück.

Schuschnigg hoffte, Hitler erneut vertraglich binden zu können, zumal er zuvor bei einer Konferenz mit seinen vermeintlichen Verbündeten Italien und Ungarn hatte zur Kenntnis nehmen müssen, dass er von ihnen keine Unterstützung erwarten konnte. Am 12. Februar 1938 traf Schuschnigg auf Hitlers Berghof bei Berchtesgaden ein. Er hatte noch vor seiner Abreise versichert, dass er von den ohnehin weit gehenden Bestimmungen des Juliabkommens nicht abgehen werde. Aber Hitler setzte auf die psychische Verfassung seines Gesprächspartners, der seit Ausbootung seiner Heinwehr-Partner als Mann zögerlicher und einsamer Beschlüsse galt. Der große Diktator inszenierte die Begegnung mit dem kleinen von Anfang an als massive Einschüchterungskampagne. Schuschniggs Auto fuhr durch ein SS-Spalier, das aus geflüchteten österreichischen Nazis bestand, und „rein zufällig" waren bei dem Treffen drei hohe Generäle anwesend.

Außer dem Gedächtnisprotokoll des Bundeskanzlers gibt es keine detaillierten Aufzeichnungen über das Treffen. Aus Schuschniggs Darstellung geht eine Behandlung des „Gastes" hervor, wie sie wohl kaum je einem ausländischen Staatsmann zuteil worden ist. Zunächst eröffnete der „Führer" sein Gespräch damit, dass er ein Programm entwickelte, das einen verschleierten Anschluss Österreichs an Deutschland vorsah. Und er machte Schuschnigg ein Angebot: „Ich gebe Ihnen die einmalige Gelegenheit, Herr Schuschnigg, dass Sie auch Ihren Namen in die Reihen der großen Deutschen einfügen können", sagte er. „Das wäre eine verdienstliche Tat, und bei Berücksichtigung gewisser Besonderheiten in Österreich könnte sich alles zum Guten wenden." Als Schuschnigg Bedenken vorbrachte, zeigte Hitler sogleich, dass er entschlossen war, die Österreichfrage nach seinem „So oder so"-Prinzip zu lösen. Gespielt oder nicht – Hitler erging sich in Wutausbrüchen, in denen er dem verdatterten Besucher einen permanenten „Volksverrat" Österreichs am Reich vorwarf, auch, dass es immer noch Mitglied des Völkerbunds sei. „Selbstverständlich haben Sie auszutreten!" Die schüchternen Verteidigungsworte brüllte Hitler nieder. „Das sage ich Ihnen, Herr Schuschnigg, ich bin fest entschlossen, mit dem allem ein Ende zu machen ... Ich habe einen geschichtlichen Auftrag, und den werde ich erfüllen, weil mich die Vorsehung dazu bestimmt hat ... Ich brauche nur einen Befehl zu geben, und über Nacht ist der ganze Spuk an der Grenze zerstoben. Sie werden doch nicht glauben, dass Sie mich auch nur eine halbe Stunde aufhalten können? Wer weiß – vielleicht bin ich über Nacht auf einmal in Wien, wie der Frühlingssturm ..."

Nach dem gemeinsamen Mittagessen ließ man Schuschnigg zwei Stunden in einem Vorraum warten, ehe er in ein Zimmer eingelassen wurde, in dem sich neben dem „Führer" von Papen und Außenminister Ribbentrop befanden. Dieser legte dem Bundeskanzler ein Papier mit Hitlers Forderungen vor. Die wesentlichen Punkte waren die Berufung Seyß-Inquarts zum Innen- und Sicherheitsminister, eine Amnestie für alle Nazis, die Wiedereinstellung entlassener Nazi-Beamte, das freie Bekenntnis zur „nationalsozialistischen Weltanschauung" innerhalb der Vaterländischen Front, ein Offiziersaustausch, außenpolitische Konsultationen und Angleichung des Wirtschaftssystems.

Schuschnigg erreichte als einziges Zugeständnis Hitlers nur die Abberufung des illegalen NS-Landesleiters Leopold Tavs – wohl auch, weil dieser so ungeschickt war, seine Pläne für einen Sturz Schuschniggs preiszugeben. Sonst konzedierte Hitler nur nebensächliche Veränderungen, dann sagte er, es werde nicht weiter verhandelt. „Ich ändere keinen Beistrich. Sie haben entweder zu unterschreiben, oder alles Weitere ist zwecklos ... Ich werde dann im Laufe der Nacht meine weiteren Entschlüsse zu fassen haben." Als Schuschnigg einwandte, die Amnestie könne nur der Bundespräsident erlassen, ließ Hitler demonstrativ den Oberkommandierenden der Wehrmacht General Keitel kommen, und Schuschnigg wurde hinausgeschickt. Als er wieder gerufen wurde, behauptete Hitler, er gehe „zum ersten Mal in meinem Leben" von einem gefassten Beschluss ab. „Innerhalb von drei Tagen erwarte ich die Durchführung." Hitler schien zufrieden mit dem Erreichten: Die „Frage Öster-

Schuschniggs letzter Innenminister Seyß-Inquart wurde ungeniert mit dem verbotenen Hitlergruß empfangen.

reich" sei nun „für uns alle" bereinigt. „Glauben Sie mir, Herr Bundeskanzler, es ist gut so. Dabei kann es bleiben für die nächsten fünf Jahre. Bis dorthin ist es lange hin. Da sieht die Welt ohnedies wieder anders aus."

Der britische Journalist Gedye weist in seinem Buch „Gefallene Bastionen" auf die Unfähigkeit Schuschniggs hin, der Erpressung Hitlers die Stirn zu zeigen; er meint, wäre Dollfuß an seiner Stelle gewesen, wäre er mit dem nächsten Flugzeug nach Paris geflogen, um dort der internationalen Presse über die Drohungen zu berichten. Der offenbar völlig eingeschüchterte Schuschnigg wagte es nicht, die Öffentlichkeit über den Hergang des Gesprächs zu informieren, er suchte eher zu vertuschen, wie er behandelt worden war, und begann Hitlers Forderungen zu erfüllen. Allerdings öffneten sich die Gefängnisse und Anhaltelager nicht nur für die Nazis, sondern auch für Sozialdemokraten und Kommunisten. Bundespräsident Miklas erließ formell die Amnestie und gelobte auch Seyß-Inquart trotz großer Bedenken als Polizeiminister an. Die Basis der illegalen Nazis tat sich nach dessen Ernennung kaum noch Zwang an. Als der österreichische Rundfunk am 20. Februar erstmals eine Hitlerrede übertrug, waren in der Steiermark die Dämme schon geborsten. Tags zuvor hatten etwa 15.000 Demonstranten den Bürgermeister gezwungen, auf dem Rathaus die Hakenkreuzfahne zu hissen, die Menge raste vor Begeisterung, und die Polizisten auf dem Hauptplatz erwiderten den Hitlergruß mit erhobener Hand. Graz erhielt nach dem „Anschluss" den Beinamen „Stadt der Volkserhebung".

Möglicherweise glaubte Schuschnigg, mit der Erfüllung der Berchtesgadener Vereinbarungen Zeit gewonnen zu haben – in maßgebenden Kreisen der österreichischen Gesellschaft wusste man, wie viel es geschlagen hatte. Seit Seyß-Inquarts Bestellung setzte eine starke Kapitalflucht ins Deutsche Reich ein, die österreichischen Anleihewerte im Ausland sanken rapid.

Otto Habsburg-Lothringen, dem das austrofaschistische Regime wiederholt Sympathie bekundet hatte und dem Haus

Habsburg auch die 1918 enteigneten Vermögenswerte zurückgab, schrieb dem Bundeskanzler einen Brief, in dem er vor einem weiteren Nachgeben gegenüber Hitler warnte und eine Versöhnung mit der Linken empfahl. Schließlich folgte Ottos Angebot: „Sollten Sie einem Druck von deutscher oder betontnationaler Seite nicht mehr widerstehen zu können glauben, so bitte ich Sie, mir, wie immer die Lage auch sei, das Amt eines Kanzlers zu übergeben. Ich bin fest entschlossen, zum Schutze von Volk und Staat bis zum Äußersten zu gehen, und ich bin überzeugt, dabei Widerhall beim Volke zu finden."

Abgesehen davon, dass sich Habsburg wohl Illusionen darüber hingab, wie die Masse der Österreicher zu einem solchen Wechsel gestanden wäre, war für Schuschnigg klar, dass er sich mit einem solchen Schritt die letzten Sympathien des Westens und der Nachbarstaaten verscherzen würde. In letzter Minute entschloss er sich zu einem anderen Ausweg: das Volk, das vom Regime so lange zum Kuschen verurteilt worden war, sollte Österreich vor Hitler retten.

Österreichs letzte Tage

In der ersten Hitlerrede am 20. Februar 1938, die vom österreichischen Radio übertragen wurde, war keine Rede von der Unabhängigkeit Österreichs, die der „Führer" in Berchtesgaden zumindest „für fünf Jahre" zugesagt hatte. Er sagte: „Zwei der an unseren Grenzen liegenden Staaten umschließen eine Masse von zehn Millionen Deutschen. Sie sind gegen ihren eigenen Willen durch die Friedensverträge an einer Vereinigung mit dem Deutschen Reich gehindert worden … Es ist für eine Weltmacht unerträglich, an ihrer Seite Volksgenossen zu wissen, denen aus ihrer Sympathie oder aus ihrer Verbundenheit mit dem Gesamtvolk fortgesetzt schwerstes Leid zugefügt wird." Das war, wenn auch verklausuliert, der Anspruch auf den Anschluss Österreichs und der Sudetengebiete.

Schuschnigg sah sich in seiner Hoffnung getäuscht, er habe dem deutschen Diktator durch seine Zugeständnisse zumindest eine Atempause für Österreich abgerungen. Vor der Bundesversammlung (dem austrofaschistischen Parlamentsersatz) erwiderte er, die Österreicher dächten heute wohl nicht an die Friedensverträge von damals. Maßgebend sei „der feste Wille des österreichischen Volkes und die unabänderliche Überzeugung seiner verantwortlichen Führung, dass unser Österreich Österreich bleiben muss … Bis in den Tod, Rot-Weiß-Rot!" Um in letzter Minute vor aller Welt den Willen Österreichs bekunden zu lassen, schlug er am Mittwoch, dem 9. März 1938, in Innsbruck in einer vom Rundfunk übertragenen Rede für den bevorstehenden Sonntag die Abhaltung einer Volksbe-

Die erstmals wieder legal zusammentretenden linken Betriebsräte beraten die Teilnahme an Schuschniggs Volksbefragung.

fragung „Für ein freies und deutsches, unabhängiges und soziales, für ein christliches und einiges Österreich“ vor. Aus dem Radio tönte zum Abschluss der Ruf des „Frontführers“ „Mander, ’s isch Zeit“ und das Andreas-Hofer-Lied. Eine Volksbefragung war deshalb angesetzt, weil Miklas gegenüber einer Volksabstimmung, die nur der Bundespräsident ausschreiben konnte, skeptisch war. Vorsicht sprach auch aus Schuschniggs Beschluss, nur vier Tage Zeit für die Abhaltung der Befragung zu lassen. So sollte eine Propagandaschlacht der Nazis verhindert werden. Das Wahlalter war mit 24 Jahren festgesetzt, weil die vielen Jungen, die sich vom Regime nichts mehr erwarteten, fern gehalten werden sollten.

Schuschnigg hatte in den Tagen zuvor Kontakte mit der jahrelang bekämpften illegalen Linken, die zum Unterschied von den Nazis keine größere politische Bewegungsfreiheit zugestanden bekommen hatte, aufgenommen. Zum Unterschied von den großen Nazidemonstrationen in den Bundesländern hatte es in Wien bereits Proteststreiks und Demonstrationen gegen den „Verkauf an Hitler“ gegeben. Die Kommunisten waren für eine rückhaltlose Unterstützung der Regierung, die Revolutionären Sozialisten beurteilten die Lage zunächst zurückhaltend. Illegale Gewerkschafter drangen auf eine Vorsprache bei Schuschnigg; unter Führung von Friedrich Hillegeist verlangten sie als Voraussetzung für eine Zusammenarbeit die Wiederherstellung der Freiheitsrechte, eine freie Arbeiterpresse, Selbstbestimmung in den Arbeiterkammern, politische Betätigungsmöglichkeiten zumindest im gleichen Ausmaß wie die Nazis sowie Korrekturen in der Sozialpolitik. Schuschnigg sagte Verhandlungen zu.

Am 7. März fand – mit Schuschniggs einzig konkreter Zustimmung – in Floridsdorf eine große Vertrauensmännerkonferenz statt. Otto Leichter, bis 1934 Redakteur der „Arbeiter-Zeitung“, charakterisierte die Stimmung dort so: „Die Arbeiter lehnten eine bedingungslose Unterstützung des Regimes, das sie niedergeworfen hatte, ab. Ein junger Arbeiter

Zu spät:
Arbeiterdemonstration für die Unabhängigkeit Österreichs.

formulierte diese politische Linie mit den geradezu klassischen Worten ‚Erst frei sein, dann kämpfen!'." Unter den 350 Delegierten herrschte trotzdem Aufbruchstimmung. „Die freie Arbeiterbewegung war wieder da, lebend und zuversichtlich, als ob sie nie zerschlagen und unterdrückt worden wäre", berichtete Friedrich Scheu, ein anderer Teilnehmer. Vier Stunden dauerte die Versammlung, 22 Redner ergriffen das Wort. „Jeder von ihnen sprach seine Kollegen als ‚Genossen' an – zum ersten Mal seit vier Jahren durfte in Österreich das verpönte Wort ausgesprochen werden."

Obwohl eine bedingungslose Unterstützung des Regimes abgelehnt wurde, beschloss eine am 9. März einberufene Parteikonferenz der Revolutionären Sozialisten mit nur drei Gegenstimmen, ihren Anhängern ein „Ja" zu Schuschniggs Volksbefragung zu empfehlen. „Der kommende Sonntag ist nicht der Tag, an dem wir mit dem österreichischen Faschismus abrechnen … Am kommenden Sonntag manifestieren wir unseren glühenden Hass gegen den Hitlerfaschismus", hieß es in dem RS-Aufruf.

Hitler wütete über Schuschniggs Überraschungscoup: „Das ist ein Bruch des Berchtesgadener Abkommens!" Dessen Vereinbarungen waren ja dergestalt, dass Österreich in wenigen Jahren wie ein reifer Apfel in den Schoß des Dritten Reichs fallen sollte. Am 11. März um 2 Uhr früh erteilte er der Wehrmacht seine „Führerweisung Nr. 1": „Ich beabsichtige, wenn andere Mittel nicht zum Ziel führen, mit bewaffneten Kräften in Österreich einzurücken und dort verfassungsmäßige Zustände herzustellen und weitere Gewalttaten gegen die deutschgesinnte Bevölkerung zu unterbinden …" Der Naziführer Odilo Globocnik wurde angewiesen, SA und SS zu mobilisieren, der Nazi-Innenminister Seyß-Inquart wurde aufgefordert, Schuschnigg zu einer Zurücknahme der Abstimmung zu bewegen. Dieser lehnte das zunächst ab. Die faktische Doppelherrschaft zwischen der VF und den Nazis, die sich bereits in mehreren Bundesländern etabliert hatten, dazu die

Deutsche Soldaten und österreichische Zöllner öffnen die Grenzbalken: Österreich verschwindet für sieben Jahre.

militärische Bedrohung durch Deutschland, schien ihm untragbar. Mit einer – wie zu erwarten war – zumindest halbwegs erträglichen Mehrheit hätte Österreich der Welt durch einen Volksentscheid signalisieren können, dass es nicht bereit war, seine Unabhängigkeit aufzugeben. Dazu rechnete er, zögerlich, auch mit der Bereitschaft der Linken (der deutsche Rundfunk berichtete dazu in Gräuelmeldungen über „kommunistische Unruhen" in Wien).

Am 11. März hoffte Schuschnigg noch auf Hilfe des Auslands. Beim einstigen „Schutzherrn" Mussolini zeigte man ihm die kalte Schulter (Hitler an seinen Gesandten in Rom: „Sagen Sie bitte dem Duce, ich werde ihm das nie, nie vergessen!"). Frankreich steckte in einer Regierungskrise, England blieb zurückhaltend. Die britische Regierung könne „keine Verantwortung dafür übernehmen, dem Kanzler irgendeine Richtung seines Handelns anzuraten, welche sein Land Gefahren aussetzen würde, gegen die die Regierung Sr. Majestät nicht in der Lage wäre, einen Schutz zu garantieren", drahtete Außenminister Lord Halifax.

In Hitlers Auftrag beeilte sich Göring, der bereits auf das österreichische Erz für die Rüstung und die Goldreserven der Nationalbank für seine Vierjahrespläne schielte, die Einmarschdrohungen zu verschärfen. Er verlangte den Rücktritt Schuschniggs und die Bestellung Seyß-Inquarts zum Bundeskanzler.

Schuschnigg hielt die Lage nun für hoffnungslos. Um 19 Uhr wurde sein Rücktritt im Radio bekannt gegeben. Das Bundesheer erhielt den Befehl, sich im Falle eines Einmarsches der Deutschen „ohne Widerstand zurückzuziehen und die Entscheidungen der nächsten Stunden abzuwarten".

Um 19.47 Uhr erklang Schuschniggs Stimme noch einmal im Radio. Er weiche der Gewalt, weil er nicht verantworten wolle, dass „deutsches Blut" vergossen werde. „So verabschiede ich mich in dieser Stunde von dem österreichischen Volke mit einem deutschen Wort und einem Herzenswunsch: Gott schütze Österreich!" Das waren die Worte, die von einem Teil der Österreicher mit Tränen, einem anderen mit Jubel aufgenommen wurden.

Bundespräsident Miklas war erst nach Stunden dazu bereit, Seyß-Inquart als Bundeskanzler anzugeloben – dieser blieb das nur einen knappen Tag, was wohl gegen seine Intentionen und die vieler anderer österreichischer Nazis war, die sich zur Volksbefragung mit der Parole „Österreich ja – aber ohne Schuschnigg" gemeldet hatten. Aber der Marschbefehl für die Wehrmacht war am 11. März um 20.45 Uhr ausgesprochen. Die Grenzbalken öffneten sich, es wurde kein Schuss abgegeben. Die Besetzung wandelte sich zum „Blumenfeldzug". Am nächsten Tag folgte Hitler seinen Soldaten. Die hysterische Begeisterung, die ihm auf seinem Weg von seinem Geburtsort Braunau am Inn über Linz nach Wien entgegenschlug, entschied den Beschluss zur sofortigen Annexion Österreichs. Er wurde in pathetischen Worten auf dem Wiener Heldenplatz verkündet.

Die Bilder der Massen auf diesem Platz vor der Hofburg gingen um die Welt. In ihrem Schatten sammelte der noch vor Hitler in Wien eingetroffene SS-Chef Himmler unter den Vertretern des VF-Regimes, aber auch unter Sozialisten und Kommunisten, die ersten Häftlinge für den Transport ins Konzentrationslager Dachau. Schuschnigg wurde verhaftet. Von dem Plan, ihn vor ein „Volksgericht" zu stellen, kam man ab. Er verschwand als „Sonderhäftling" unter dem Namen „Dr. Auster" für sieben Jahre in deutschen Konzentrationslagern. Nach der Befreiung ging er nach Amerika und kehrte einige Jahre vor seinem Tod (1977) nach Tirol zurück. Schon in der Nacht des „Umbruchs" im März 1938 begannen in Wien hasserfüllte Demütigungen und Gewalttaten gegen die Juden zum Vorspiel für Vertreibung, Entrechtung und schließlich Vernichtung.

Die Dollfußstraße hatte, wie die Sozialisten schon vor Jahren gewarnt hatten, zu Hitlers Triumph geführt. Freilich meinte so mancher zum Fall des austrofaschistischen Regimes, unter dem die Arbeiter nur Elend, Arbeitslosigkeit und Unterdrückung erlebt hatten, schlimmer könne es auch nicht mehr kommen. Eine kurzsichtige und für Millionen tödliche Illusion.

Zeittafel: Erste Republik und Ständestaat

1918

31. 10. Erste deutschösterreichische Regierung Renner
12. 11. Republik Deutschösterreich proklamiert
5. 12. Widerstand gegen jugoslawische Besetzung Südkärntens

1919

16. 2. Wahlen: 72 SP, 69 ChS, 26 DN. Beteiligung in Böhmen blutig unterdrückt
27. 8. KP-Putsch für Räterepublik niedergeschlagen
6. 9. Parlament nimmt Friedensbedingungen von Saint-Germain unter Protest an (Abtretung von Sudetenland und Südtirol, Verbot des Namens Deutschösterreich und des Anschlusses an Deutschland)

1920

Feb. Bayern und Ungarn sagen Unterstützung der Heimwehren zu
11. 6. Christlichsoziale kündigen Koalition auf. Rücktritt Renners
6. 9. Vertrag von Saint-Germain ratifiziert
1. 10. Bundesverfassung angenommen (Schöpfer Hans Kelsen)
10. 10. Volksabstimmung: Südkärnten bleibt bei Österreich
17. 10. Wahlen: SP 69, ChS 85, GD 28. Nach der Wahl Regierung Michael Mayr (ChS) ohne Sozialdemokraten.

1921

21. 6. Johann Schober (parteilos) Bundeskanzler
26. 7. Ungarn muss Burgenland abtreten (Friede von Trianon)
16. 12. Ödenburg/Sopron bleibt nach Abstimmung bei Ungarn

1922

31. 5. Ignaz Seipel Bundeskanzler

27. 9. Völkerbund-Anleihe zur Beendigung der Inflation
Beamtenabbau, große Arbeitslosigkeit

1923

12. 4. SP gründet Republikanischen Schutzbund (nach blutigen Zusammenstößen mit Monarchisten und Nationalsozialisten)

18. 7. Rom beginnt Programm der „Entnationalisierung" von Südtirol

1924

1. 6. Revolverattentat auf Seipel

1. 10. Erste Radiosendung in Wien

8. 11. Rücktritt Seipels. Es folgen Mayr, dann Schober

9. 12. Michael Hainisch erster Bundespräsident

1926

20. 10. Seipel wieder Bundeskanzler

30. 10. Linzer Programm der Sozialdemokraten

31. 12. 202.000 Arbeitslose

1927

30. 1. Bluttat in Schattendorf. „Frontkämpfer" schießen auf Schutzbündler, ein Invalider und ein Kind tot

24. 4. Wahlen: SP 71, ChS 73, GD 12, LB 9

15. 7. Nach Freispruch der Schattendorf-Mörder Demonstrationen, Brand des Justizpalastes in Wien, Schießbefehl für Polizei: 89 Tote, 660 Schwerverletzte
Gemeinsame Bundesführung der Heimwehren unter Richard Steidle

1928

7. 10. Große Heimwehr- und Schutzbundkundgebung in Wr. Neustadt

12. 11. Blutige Zusammenstöße Heimwehr mit Arbeitern in Innsbruck

5. 12. Wilhelm Miklas Bundespräsident

18. 12. Seipel: Heimwehr Bundesgenosse der bürgerlichen Parteien

1929

3. 4. Rücktritt Seipels. Es folgen Streeruwitz, dann Schober Zusammenbruch der Bodencredit, Übernahme durch Creditanstalt

12. 4. Großkundgebung der Heimwehr auf dem Heldenplatz

6. 10. Pleite der Bodencredit, von Creditanstalt zwangsweise aufgefangen

7. 11. Novellierung der Verfassung 1929, mehr Rechte für Bundespräsident

1930

18. 5. Heimwehren leisten bei Kundgebung in Korneuburg einen Eid auf die Zerstörung der parlamentarischen Demokratie

15. 6. Bundeskanzler Schober lässt den Bundesstaatschef der Heimwehr, den Deutschen Waldemar Pabst, ausweisen

10. 7. Treffen des Heimwehrführers Starhemberg mit Mussolini

2. 9. Starhemberg statt Steidle Bundesführer der Heimwehren

25. 9. Rücktritt von Bundeskanzler Schober; Heeresminister Vaugoin bildet Minderheitsregierung mit Starhemberg als Sicherheitsminister

9. 11. Nationalratswahlen. SP 72, ChS 66, GD + LB 19, HW 8. Schuschnigg gründet die „Ostmärkischen Sturmscharen“

4. 12. Regierung Otto Ender (ChS) mit GD/LB

1931

27. 1. Wiener Heimwehr unter Emil Fey trennt sich von Heimwehren unter Starhemberg

19. 3. Deutsch-österreichischer Zollunionsvertrag unterzeichnet

12. 5. Zusammenbruch der Creditanstalt von Nationalbank und Rothschild abgewendet

25. 4. Christlichsozialer Bundesparteitag distanziert sich von Heimwehr

16. 6. Bundeskanzler Ender tritt zurück, es folgt Karl Buresch (ChS)

3. 9. Außenminister Schober erklärt auf französischen Druck Zollunion mit dem Deutschen Reich für hinfällig

12. 9. Putschversuch des steirischen Heimwehrführers Walter Pfrimer, nach zwei Tagen vom Bundesheer niedergeschlagen

18. 12. Pfrimer von Geschworenengericht freigesprochen

31. 12. 302.000 unterstützte Arbeitslose, 98.000 „Ausgesteuerte“

1932

24. 4. Landtagswahlen in Wien, Niederösterreich und Salzburg bringen Nationalsozialisten überraschend starke Stimmengewinne
6. 5. Regierung Buresch tritt zurück
20. 5. Der bisherige Landwirtschaftsminister Engelbert Dollfuß bildet neue Regierung aus ChS, LB und Heimwehr (durch NS geschwächte GD nun in Opposition)
9. 6. Starhemberg ersucht Mussolini um Waffenlieferung
15. 7. Völkerbundanleihe gegen Verzichtserklärung auf Zollunion mit Deutschland
2. 8. Ignaz Seipel stirbt in Pernitz
20. 9. Theodor Innitzer Erzbischof von Wien
1. 10. Regierung Dollfuß wendet erstmals das Kriegswirtschaftliche Ermächtigungsgesetz (ohne Parlament) an
Im Lauf des Jahres etliche blutige Zusammenstöße zwischen Nazis und Schutzbund bzw. Heimwehr

1933

8. 1. „Arbeiter-Zeitung" deckt Hirtenberger Waffenaffäre (Lieferungen aus Italien) auf
15. 2. 402.000 Arbeitslose, fast 200.000 „Ausgesteuerte"
1. 3. Streik der Eisenbahner, Bundesheer besetzt Bahnanlagen
4. 3. Nach Rücktritt der drei Nationalratspräsidenten ist Parlament arbeitsunfähig
15. 3. Dollfuß verhindert mit Polizeigewalt Wiederzusammentritt des Parlaments
25. 3. Republikanischer Schutzbund verboten
10. 4. Heimwehren, Ostmärkische Sturmscharen werden als „Freiwilliges Schutzkorps" Teil der Exekutive
13. 4. Dollfuß bei Mussolini in Rom. Briefwechsel mit „Ratschlägen" Mussolinis folgt
10. 5. Regierung verbietet Landtags- und Gemeindewahlen
15. 5. Hitlers Reichsjustizkommissar Hans Frank ausgewiesen
20. 5. „Vaterländische Front" gebildet
26. 5. Verbot der KPÖ
27. 5. Hitler verhängt die „Tausend-Mark-Sperre"
1. 6. Verfassungsgerichtshof nach Rücktritt der christlichsozialen Mitglieder handlungsunfähig

5. 6.	Konkordat mit dem Vatikan unterzeichnet
19. 6.	Nach blutigen Terroranschlägen Verbot von NSDAP, SA, SS
19. 7.	Treffen Dollfuß' mit Mussolini in Riccione
Aug.	„Österreichische Legion" wird in Augsburg aufgestellt
24. 8.	Regierung erlegt der Gemeinde Wien millionenschwere „Lastenbeiträge" auf – Ende des Wohnbauprogramms
11. 9.	Bei VF-Großkundgebung auf dem Trabrennplatz verkündet Dollfuß „Ständestaat" als Ziel
20. 9.	Sozialdemokraten legen Bundespräsident Miklas 1,2 Millionen Unterschriften für Wiedereinberufung des Parlaments vor
21. 9.	Landbund scheidet wegen Einrichtung von Anhaltelagern aus der Regierung aus
14. 10.	Letzter Parteitag der SDAP. Forderung nach Anschluss an Deutschland aus Parteiprogramm gestrichen
10. 11.	Wiedereinführung der Todesstrafe

1934

20. 1.	Öffentlicher Verkauf der „Arbeiter-Zeitung" verboten
4. 2.	Heimwehr macht Tiroler Landesregierung zu autoritärem Landesausschuss
11. 2.	Bei Heimwehrübung in Großenzersdorf kündigt Fey Ausschaltung der Sozialdemokraten an
12. 2.	Schutzbund in Linz wehrt sich gegen Waffensuche. Ausdehnung des Aufstandes auf Wien, Steiermark, Niederösterreich. Standrechtliche Hinrichtungen
16. 2.	Verbot der SDAP, Annullierung aller Mandate, Beschlagnahme aller Vermögenswerte
21. 2.	Standrecht wird nach Hinrichtung Wallischs aufgehoben
2. 3.	Freie Gewerkschaften verboten, Einheitsgewerkschaft
17. 3.	„Römische Protokolle" – Österreich und Ungarn Italiens Satelliten
1. 5.	Verkündung der neuen autoritären Verfassung für „Bundesstaat Österreich" (statt Republik)
25. 7.	Putschversuch der Nationalsozialisten. Dollfuß ermordet Dreitägige Kämpfe in Steiermark, Kärnten, Oberösterreich, Salzburg 13 Putschisten werden hingerichtet

29. 7. Kurt Schuschnigg neuer Regierungschef
21. 8. Treffen Schuschnigg–Mussolini in Florenz

1935

22./23. 2. Schuschnigg in Paris und London
21. 5. Hitler erklärt: Keine Einmischung, keine Annexion Österreichs
13. 7. Landesverweisung der Habsburger aufgehoben
3. 8. Großglockner-Hochalpenstraße eröffnet (1930 begonnen)
9. 10. Österreich lehnt im Völkerbund Sanktionen gegen Italien ab
16. 10. Wiener Höhenstraße eröffnet
23. 12. Weihnachtamnestie für 1505 Sozialdemokraten und 440 Nazis

1936

25. 3. Zusammenbruch der Versicherungsgesellschaft „Phönix"
1. 4. Allgemeine Wehrpflicht eingeführt
1. 5. Rücktritt Starhembergs als Vizekanzler. Schuschnigg nun auch „Frontführer" der VF
11. 7. „Juliabkommen" mit Hitler, Aufnahme von NS-Vertrauensmännern in Regierung
28. 8. Gründung der Jugendorganisation „Österreichisches Jungvolk"
9. 10. Alle Wehrverbände aufgelöst, als „Frontmiliz" in VF eingegliedert
3. 11. Schuschnigg bildet neue Regierung ohne Heimwehrführer

1937

4. 2. „Siebenerausschuss" mit illegalen Naziführern
14. 2. Schuschnigg kündigt Schaffung eines „Volkspolitischen Referats" mit Arthur Seyß-Inquart im Rahmen der VF an
24. 5. Hitlers Kriegsminister Blomberg erlässt Weisung für „Fall Otto" (Besetzung Österreichs bei Habsburger-Restauration)

1938

12. 2. Schuschnigg bei Hitler im Berghof von Berchtesgaden. Hitler stellt Bedingungen
15. 2. Schuschnigg macht Seyß-Inquart zum Sicherheitsminister
7. 3. Betriebsrätekonferenz in Floridsdorf nach Verhandlungen sozialdemokratischer Vertrauensleute mit Schuschnigg

9. 3.	Schuschnigg kündigt für 13. März Volksbefragung an
11. 3.	Schuschnigg tritt nach deutschem Ultimatum zurück Seyß-Inquart Bundeskanzler
13. 3.	Seyß-Inquart unterschreibt in Linz das „Gesetz über die Wiedervereinigung Österreichs mit dem Deutschen Reich“
15. 3.	Hitler verkündet auf dem Wiener Heldenplatz „den Eintritt meiner Heimat in das Deutsche Reich“

SP – Sozialdemokratische Arbeiterpartei (SDAP)
ChS – Christlichsoziale Partei
GD – Großdeutsche Volkspartei
LB – Landbund
HW – Heimwehr
VF – Vaterländische Front
NS – Nationalsozialistische Deutsche Arbeiterpartei (NSDAP)

Die Bundeskanzler und Staatsoberhäupter von 1918 bis 1938

Die Bundeskanzler

Karl Renner, Staatskanzler (SP)	30. 10. 1918–7. 7. 1920
Michael Mayr (ChS)	7. 7. 1920–21. 6. 1921
Johann Schober (parteilos)	21. 6. 1921–26. 1. 1922
Walter Breisky (parteilos)	26. 1. 1922–27. 1. 1922
Johann Schober (parteilos)	27. 1. 1922–31. 5. 1922
Ignaz Seipel (ChS)	31. 5. 1922–20. 11. 1924
Rudolf Ramek (ChS)	20. 11. 1924–20. 10. 1926
Ignaz Seipel (ChS)	20. 10. 1926–4. 5. 1929
Ernst Streeruwitz (ChS)	4. 5. 1929–25. 9. 1929
Johann Schober (parteilos)	26. 9. 1929–30. 9. 1930
Carl Vaugoin (ChS)	30. 9. 1930–4. 12. 1930
Otto Ender (ChS)	4. 12. 1930–20. 6. 1931
Karl Buresch (ChS)	20. 6. 1931–20. 5. 1932
Engelbert Dollfuß (CS, VF)	20. 5. 1932–25. 7. 1934
Kurt Schuschnigg (VF)	25. 7. 1935–11. 3. 1938
Arthur Seyß-Inquart (NS)	11. 3. 1938–13. 3. 1938

Die Staatsoberhäupter

Karl Seitz (SP)	30. 10. 1918–9. 12. 1920
Michael Hainisch (parteilos)	9. 12. 1920–10. 12. 1928
Wilhelm Miklas (ChS)	10. 12. 1928–12. 3. 1938

Literatur

Bärnthaler Irmgard, Die Vaterländische Front. Wien 1971.

Bauer Kurt, Elementar-Ereignis. Juliputsch 1934. Wien 2003.

Bauer Otto, Auswahl aus seinem Lebenswerk. Wien 1961.

Carsten Francis Ludwig, Faschismus in Österreich. München 1978

Die Erhebung der österreichischen Nationalsozialisten im Juli 1934. Bericht der Historischen Kommission des Reichsführers SS. Wien 1986

Für Spaniens Freiheit. Österreicher in Spanien 1936–39. Wien 1986.

Gedye G.R.E., Die Bastionen fielen. Wien o.J.

Gulick Charles A., Österreich von Habsburg zu Hitler. 5 Bde. Wien 1948.

Hannak Jacques, Im Sturm eines Jahrhunderts, Wien 1952.

Hopfgartner Anton, Kurt Schuschnigg. Graz 1989.

Jochum Manfred, Die Erste Republik in Dokumenten und Bildern. Wien 1983.

Keller Fritz (Hg), Lobau: Die Nackerten von Wien. Wien 1985.

Kraßnitzer Michael, Widerstand in Hietzing. Wien 2004.

Kreisky Bruno, Reden, Band I. Wien 1981

Kreisky Bruno, Schriften, Reden, Dokumente 1931–1945. Wien 1986.

Kreissler Felix, Von der Revolution zur Annexion. Wien 1970.

Kriechbaumer Robert, Ein Vaterländisches Bilderbuch. Wien 2002.

Leichter Otto, Glanz und Elend der ersten Republik. Wien 1984.

Maderthaner Wolfgang/Maier Michaela (Hg), „Der Führer bin ich selbst" (Briefwechsel Dollfuß-Mussolini). Wien 2004.

Maimann Helene (Hg), Die ersten 100 Jahre Österr. Sozialdemokratie. Wien 1988.

Maimann Helene (Hg), Die Kälte des Februar. Wien 1984.

Mautner Markhof Georg J. E., Major Emil Fey. Graz 2004.

Meysels Lucian O., Der Austrofaschismus. Wien 1992.
Münichreiter Karl, Ich sterbe weil es einer sein muss. Wien 2004.
Neuhäuser Stephan, „Wir werden ganze Arbeit leisten". Wien 2004.
Pauley Bruce F., Eine Geschichte des österreichischen Antisemitismus. Wien 1993.
Pauley Bruce F., Hahnenschwanz und Hakenkreuz. Wien 1972.
Peball Kurt, Die Kämpfe in Wien im Februar 1934. Wien 1974.
Pelinka Anton, Stand oder Klasse? Christl. Arbeiterbewegung 1933–38. Wien 1972.
Pelinka Anton/Weinzierl Erika, Das große Tabu. Wien 1987.
Portisch Hugo, Österreich I: Die unterschätzte Republik. Wien 1989.
Reichhold Ludwig, Opposition gegen den autoritären Staat. Wien 1964.
Reimann Viktor, Innitzer – Kardinal zwischen Hitler und Rom. Wien 1967.
Reisberg Arnold, Februar 1934. Hintergründe und Folgen. Wien 1974.
Rübelt Lothar, Österreich zwischen den Kriegen (Photodokumente). Wien 1979.
Sandgruber Roman, Ökonomie u. Politik. Österr.Wirtschaftsgeschichte. Wien 1993.
Schausberger Franz, Ins Parlament um es zu zerstören. Wien 1995
Schefbeck Günther (Hg), Österreich 1934. Wien 2004.
Scheuch Manfred, Österreich im 20. Jahrhundert. Wien 2000.
Schuschnigg Kurt, Im Kampf gegen Hitler. Wien 1969.
Sheperd Gordon, Engelbert Dollfuss. Graz 1961.
Stadler Karl R. (Hg), Sozialistenprozesse 1870–1936.Wien 1986.
Stadler Karl R., Opfer verlorener Zeiten. (Schutzbundemigration)Wien 1974.
Starhemberg Ernst Rüdiger, Memoiren. Wien 1971.
Stimmer Kurt (Hg), Die Arbeiter von Wien. Sozialdemokrat. Stadtführer. Wien 1988.
Talos Emmerich/Neugebauer Wolfgang (Hg), „Austrofaschismus". Wien 1985.
Walterskirchen Gudula, Engelbert Dollfuss. Wien 2004.
Weissensteiner Friedrich/Weinzierl Erika (Hg), Die österr. Bundeskanzler. Wien 1983.
Wiltschegg Walter, Österreich – der zweite deutsche Staat? Graz 1992.
Zulehner Paul Michael, Kirche und Austromarxismus. Wien 1967.

Namenregister

BIOGRAFIE K&S

EINER, DER VERSÖHNUNG VORLEBT

Leon Zelman

EIN LEBEN NACH DEM ÜBERLEBEN

Aufgezeichnet von Armin Thurnher

Erweiterte Neuauflage

232 Seiten
Format: 12,5 x 20,6 cm
gebunden
mit Schutzumschlag

ISBN: 3-218-00750-X
Im Verlag Kremayr & Scheriau, 2005

Die bewegende Autobiografie eines Menschen, der als Kind durch Ghetto, Vernichtungslager und Todesmarsch getrieben wird. Nach der Befreiung aus dem KZ Ebensee durch die Amerikaner, beginnt Leon Zelman in Wien seinen Traum zu verwirklichen, der in der neuen Generation die Zukunft sieht: Menschen, die eine Welt aufbauen, in der Antisemitismus und Rassismus keinen Platz mehr haben.